わが人生 25

◉アルプス技研 創業者 最高顧問
松井利夫

克己と感謝と創造

―起業家人生を貫く信念

神奈川新聞社

アルプス山脈のような
雄大な企業への成長を目指した経営者人生
私にとって“登山”は
克己心を養う場でもあった

起業家・経営者として

「会社は社会の公器」と考え株式公開を決意

1996年6月17日、苦節8年の努力を実らせ店頭公開にこぎつける。

2002年9月28日　東証2部上場を果たす

2004年11月19日、東証1部（現・東証プライム市場）への上場実現

会長退任慰労会で今村篤社長と＝2019年3月29日

社外で講演・講師を務める機会も激増
＝2009年3月の日経セミナー

創業55周年式典。中央は妻・アイ子をモチーフとした「未来を創造する像」＝2023年7月3日

起業家育成・地方創生をライフワークに

起業家支援財団で講義

「北海道バルーンフェスティバル」を長年応援。上士幌町航空公園にて＝2023年8月

起業家支援財団10周年で花束を贈られる

ふれあい自然塾の活動には社員も参加。比叡山にて＝2018年11月

地方創生活動の一環として「ちよだプラットフォーム10周年記念講演会」に
小泉純一郎・元総理と参加＝2014年

故郷・南魚沼市の田園都市構想を支援、キックオフ講演会で
講師を務める＝2021年11月8日

起業家育成・地方創生を通じた貢献が認められ神奈川文化賞を受賞、
黒岩知事から賞状を贈られる（神奈川県民ホール）＝2023年11月3日

自然に学ぶ

「ヒマラヤをスキーで滑降する」夢に挑戦

日本出発から11日目、頂上アタック直前

目標はメラピーク（ネパール・6476m）

登頂成功＝1998年4月29日

6400m地点からおよそ1000m、酸素マスクをつけて滑降

カナダ、アラスカ、ニュージーランドなど国内外で海釣り・川釣りを楽しむ。船上で魚をさばくことも。

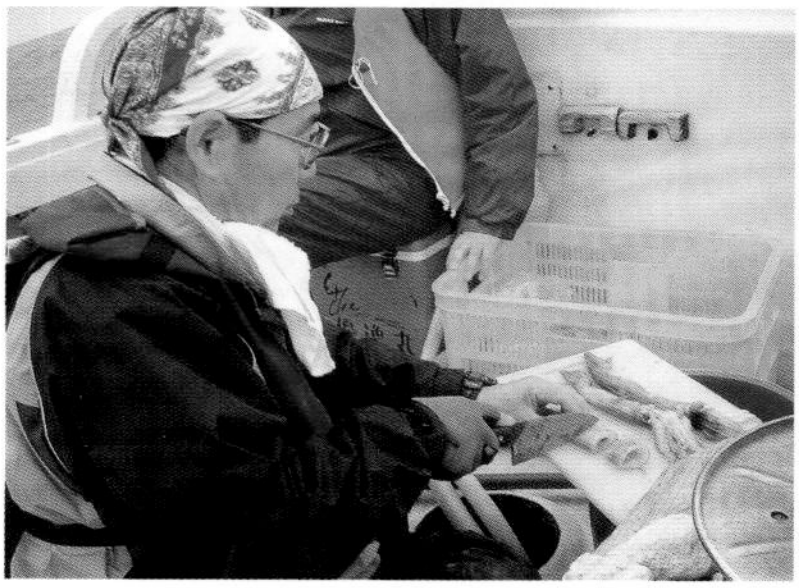

新ハイキングクラブ相模原・町田支部の仲間と穴場の小野路(町田市北部)へハイキング＝2021年11月28日

私を育ててくれたふたりの女性

「常に相手の立場に立って考え、
人に感謝し、人の心を大切にする」ことを教えてくれた

母親代わりとして私を慈しんでくれた義姉の松井文江

常に私を支えてくれた妻・アイ子と。
創業50年を祝う「感謝の会」で花束を贈られる＝2018年7月

はじめに

―人こそ未来と信じて―

「何でもいいから親方になれ」

父からそう言われて育った私は、25歳の時に相模原市で「松井設計事務所」を開業した。当時感じていたさまざまな不自由を逆手に取って（パラドックス的思考）、事業化しようと考えたのだ。それは、最新の専門技術を持つ人材を、必要とする会社に派遣するビジネスで、それ以来、正社員型の技術者派遣会社として成長を続けて来た。そこでまず、私と人材派遣業の関わりについて記しておきたい。というのも人材派遣は、まだ比較的新しいビジネスモデルだからである。

私が初めて「派遣」という働き方に関心を抱いたのは、設計技師として働いていたサラリーマン時代のことである。社員ではないのに会社に出入りして設計業務を行う人、複数の会社から仕事をもらって自宅で図面を描く人が何人かいた。

両者の実質的な違いは、仕事を「社内」でするか、あるいは「自宅」でするか。

今風に言えば、前者は派遣、後者は個人事業主ということになるだろう。終身雇用が一般的であった時代に、「こんな働き方もあるのだ」と興味をそそられた。

電気工学と機械工学の両方を学んだ私は、両者がかみ合わない現場にしばしば遭遇して不便を感じ、「機電一体設計」の必要性を痛感していた。そこで、より効率的な設計サービスを提供しようと考えて独立し、「松井設計事務所」を構えたのだが、仕事の依頼は全くなかった。そんな時、信号機器メーカーから「うちの社内で仕事をしないか」と相談された。つまり個人の設計事務所を持ちながら出向し、派遣先で勤務するという事業形態であった。

こうした経験や知見を通じ、技術を持つ人材を、必要とする会社に派遣することが、「新規事業として成り立つ」という手応えを得たのである。

円高、オイルショック、公害などに悩まされた１９７０年代、日本は重化学工業からの転換を迫られたが、メカトロニクス、マイクロエレクトロニクスといった最新の専門知識を持つ人材は圧倒的に不足していた。そうした人材の供給なくして日本の成長はあり得ない。私はそこに技術者派遣業の存在意義があると感じた。

「口入れ屋」とか「肝煎《い》り」とか、人をあっせんする仕事は昔からあった。だが、戦後間もない1947（昭和22）年に制定された職業安定法では、職業紹介を公的機関の業務として、労働者供給事業を禁止した。しかし多くの産業や業種で派遣が広まったため、実態を追認する形で86（昭和61）年7月、労働者派遣法が施行された。つまり人材派遣業が公的に認められてから、まだ40年も経っていない。

その後、同法は何度も改正を重ねてきた。そのたびに派遣事業者も、派遣労働者も、派遣先企業も翻弄《ほんろう》されてきたが、それはこの業界の成長力を示す証しでもある。

現在、日本の人材派遣事業には一般（登録型）派遣、正社員型派遣、紹介予定派遣の3形態がある。日本人材派遣協会によれば、およそ142万人が働き、市場規模は8兆円を超えた。私の半生はこうした派遣業の成長に重なるが、それを支えてきたのは、企業の将来は全て人、つまり「人が未来」という信念である。

経営の一線から退いた後も、各地で次世代の起業家育成や地方創生に取り組んでいるが、それを支えているのもまた、「人が未来」という強い思いである。

「起業家育成」「地方創生」がライフワークだと語る筆者

目次

第一章　自然に学んだ日々

蔓ものは食すべからず

私の故郷は新潟県中部に位置する南魚沼市で、ブランド米として名高い魚沼コシヒカリの一大産地として知られている。といっても、品種改良で生み出された「農林100号」がコシヒカリと名付けられたのは、私が中学生になってからのことだ。

魚沼地方は国内有数の豪雪地帯でもある。11月から積もり始める雪は根雪となって4月頃まで残り、どの家も雪下ろしに追われる。しかし、その豪雪に由来する清らかな雪解け水と、三国山脈と魚沼丘陵に囲まれた盆地特有の地形から生まれる昼夜の寒暖差が、米の味を良くしてくれるのだ。

私が父・松井留治《とめじ》、母・ケサの11番目の子として生まれたのは1943（昭和18）年1月1日。早世した兄姉がいたため、9番目の末っ子として育ち、上に3男5女がいた。実際は前年暮れの12月29日に生まれたのだが、父は1月1日生まれとして村役場に届け出たのだ。日中戦争が長引く中で太平洋戦争が始まり、「産めよ殖やせよ」というスローガンが声高に叫ばれる中、元日生まれの男児は誇らしく、縁起を担ぐ思いがあったのかもしれない。

当時の地名は南魚沼郡五十沢《いかさわ》村だが、地元の人たちは「いかざわ」と発音する。越後三

1957年頃の実家近くの風景。中学校の修学旅行のためにカメラを買ってもらった私は、身近な被写体を撮影して回った。そのうちの１枚

山（中ノ岳、越後駒ケ岳、八海山）の西側の麓に広がる小さな農村は、その後、合併によって六日町《むいかまち》となり、さらに平成の大合併で南魚沼市となった。

さて、この辺りでは家系や血筋のことを「まき」と言い、例えば「松井まき」といえば松井家の人、人たちという意味になる。

「松井まき」の出自は定かではないが、元は上野国《こうずけのくに》（群馬県）の武士だったと聞いている。今でも三国山脈の群馬県側には松井姓の家が多いそうだ。ところが何代目かの某《なにがし》が何か不始末をしでかし、三国峠を越

えて越後国（新潟県）へ逃げて来たらしい。その逃避行の際、迫る追っ手を夕顔の蔓《つる》の茂みに隠れてやり過ごし、何とか助かったことから、長い間、「松井まきは蔓ものを食べてはいけない」という不文律があったそうだ。

夕顔の果肉を裂いて作るかんぴょうが食べられないだけならともかく、キュウリ、カボチャ、スイカ、それに豆類も多くが蔓性植物だから、こんな決まりを守っていては、食べられる物がほとんどなくなってしまう。

そのため、代を重ねるうちに「本家だけが守ればよい」とか「松井の家以外で作った物をもらって食べるのはよい」とか、だんだん縛りが緩くなり、いつしか忘れ去られてしまった。おかげで私は子どもの頃からメロンもキュウリも食べられた。

その真偽の程はともかく、私が物心ついた頃には生家の周囲に松井姓の家が十数軒あり、わが家は大本家に次ぐ家という意味で「次《つぎ》本家」と呼ばれていた。

江戸時代まではそれなりの土地持ちだったようだが、明治政府の地租改正や戦後の農地改革の影響などで大半を失った。私が物心ついた頃には米作に加え、蔓物野菜も作る普通の農家となっていた。

幼くして母を亡くす

私の父は3人兄弟の末っ子で、「子どもはこれでおしまい」という意味で「留治《とめじ》」と名付けられたそうだ。

農家の次男、三男は家を出るのが常だが、兄たちがそれぞれの事情で家を出てしまったので、結果的に父が零細農家を継いだ。父は農作業に打ち込んで、夫婦に子ども9人という大家族の暮らしを支える傍ら、五十沢《いかざわ》村の村会議員や農業協同組合の組合長などを務めてリーダーシップを発揮し、仲人を頼まれることも多かった。

「男は何でもいいから親方になれ」

これが父から私への教えだった。大きな組織や集団の末端に甘んじるより、たとえ小さくても組織のトップになる方がよい。この「鶏口牛後」の教えが私の経営者人生の基礎になっている。

1946（昭和21）年、私が3歳になった頃のことである。

自分ではほとんど覚えていないが、遊んでいる最中に砂利道で急に走り出して転び、地面に顔面を強打した。よくある子どものけがで、誰も大ごととは考えなかった。おそらく当時の万能薬だった赤チン（マーキュロクロム液）を塗って済ませたのだろう。

ところが傷口が化膿《かのう》し、左眼球周辺の骨に骨膜炎を発症してしまった。終戦間もない時期で、医療体制は十分ではなく、何度か手術を受けたが、視力が回復することはなかったし、顔つきが変わるほどひどい手術痕が残った。

全く何も見えないわけではないが、重度の白内障と同じで、厚い膜がかかり、明るい方向が辛うじて分かる強度の弱視だ。こうして私は物心ついた時から隻眼《せきがん》で生きてきた。しかし、後に7回も成形手術をしたからか、あるいは左右に同じレンズを入れた眼鏡をかけているからか、左目が見えないことに気付く人はほとんどいないようになった。

顔面にけがを負ってから間もなく、母・ケサが病に倒れた。村で唯一の医者・小島先生が何度か往診してくれたが、何しろ専門は耳鼻咽喉科だ。洗面器に熱湯を注いで太い注射器を消毒し、寝ている母の腕に打つ光景を何となく覚えている。おそらくブドウ糖だったのだろう。そのまま入院も検査もしなかったので、病名もはっきりしない。記憶に残っているのは母が亡くなったその日、顔にかけられた白い手ぬぐいを取り去って母にすがりついたことだ。

「かっかあ、何してるんだ。早く起きろよ」

すぐに兄や姉たちに止められ、その後のことは覚えていない。母についての確かな記憶

2011（平成23）年10月、米寿の祝いの花束を受ける義姉（長兄の妻）の文江（右）。11人きょうだいの末っ子の私は母亡き後、彼女に育てられた

はこれだけだ。

これは後で聞いたことだが、ある日、母がきれいな和服を着て出かける準備をしていた。親戚の結婚式か頼まれ仲人だったのだと思う。いつもと違う雰囲気を感じた私はしつこく母にまとわりついたが、一緒に連れて行くわけにいかない。

「かっかあは便所に行っただけで、どこにも行きゃあしないよ」

当時のトイレは母屋の外にあった。そう言われて母から離された私が「あそうか」と安心した隙に母は外出してしまった。私はそんなことはすぐに忘れてしまったが、母は末っ子の私をとてもかわいがり、私も母が大好きだったというかすかな想い出がある。

長兄夫婦が育ての親

幼くして母・ケサと死に別れた私は、25歳離れた長兄の貞治夫婦に育てられた。貞治は太平洋戦争で徴兵され、復員後は農林省の農政事務所に勤めながら農業を手伝っていた。衛生兵として従軍し、速成の医療教育を受けただけだと思うが、弟妹のちょっとしたけがや発熱は貞治が手当てしてくれた。

理由はよく分からないが、貞治は一時期、父の戸籍から外れて戸主として独立し、私がその養子になったことがある。ところがその後、貞治が松井家を継ぐことが決まり、私は再び留治の息子に戻ることになった。

私が母を亡くした頃、義姉（貞治の妻）の文江はまだ20歳そこそこだったが、嫁いで来てすぐに生まれた私に惜しみない愛情を注いでくれた。

余談だが、新潟の六日町周辺では「い」の音が発音されにくく、「い」と「え」の区別がつきにくい。そのため、地元の年配の人たちが義姉の名「まついふみえ」を読むと「まつえふみえ」と聞こえる。標準語圏の人が聞けば、おそらく「いちご」も「えちご」も同

西五十沢小３年生のクラス写真。私の最も古い写真で、最後列左から５人目が私

じように聞こえるだろう。

兄夫婦はその後３人の男児に恵まれた。長男の等《ひとし》は私と年が近くて兄弟のように育ち、等は私のことを「兄《アニ》」と呼んでいた。今は等とその息子が旧五十沢《いかざわ》村の松井家を守ってくれている。

こうして長兄夫婦、父、たくさんの兄や姉に囲まれた私は、隻眼での生活にも次第に慣れ、野山を駆け巡って育った。1年の半分近くを雪に閉ざされているため、緑が芽吹き、花が咲いて実をつける半年が、より豊かに感じられたのかもしれない。

１９４９（昭和24）年4月、私は五十沢村立西五十沢小学校へ入学した。五十沢村は西・東・南の五十沢村3村が合併してできたので、村内には他に、東五十沢小学校、南五十沢小学校があった。

わが家は三国川《さぐり》に五十沢川が流れ込む合流地点の「宮」という集落にあり、西五十沢小は三国川をもう少し下った宮村下新田にあった。

どの学年もだいたい50人前後だったから、全校で300人くらいいたと思う。その後、六日町立、南魚沼市立となったが、2011（平成23）年に五十沢小学校に統合されて閉校となった。現在の五十沢小の児童数は160人足らずで、大幅な少子化が進んでいる。

通学には歩いて30分くらいかかった。雪が積もると保護者が交代で雪を踏みならし、わらぐつやかんじきを履いた子どもらは集団で登下校した。ようやく雪が解けても、ぬかるんだ泥道が続き、通学は難儀だった。

私の小学校での成績は褒められたものではない。先生の質問に答えられず、居残りさせられたこともあった。左目のけがの痕を級友にからかわれるのが嫌で、学校を休む。それが教師に知られて叱られる。そんなことが重なって学校に行きたくなくなった。

こんなこともあった。私は右目で黒板や教科書を見るため、授業中は顔が左に向く。父はそうした事情を担任教師に説明してくれていたが、テストの時、監督の先生に突然姿勢を正された。理由を知らなかったとはいえ、カンニングを疑われたことで、子ども心に傷ついた。同じようなことは、後に学んだ専門学校の夜学時代にも起きた。

プラスもありマイナスもあり

親代わりの長兄夫婦、とりわけ義姉（兄の妻）の文江は私を慈愛深く育ててくれたが、実母がいない現実を突き付けられることもあった。例えば母の日である。

当時は学校で児童に赤いカーネーションを配り、感謝の気持ちを込めて母にささげるよう指導していた。母のいない児童は白いカーネーションをもらい、日頃お世話になっている人にささげるのである。母のいない子を温かく見守ろうという道徳教育だったと思うが、今なら明らかな差別として問題になるだろう。

昭和20年代、戦争で父を亡くした子は何人もいたが、母のいない子はクラスで私ともう1人だけ。うつむいて肩を寄せ合い、居心地の悪い時間を過ごした。

運動会でも同じような思いをした。当時の運動会は村全体のお祭りのような感じで、おにぎりや漬物、ゆで栗やイモの煮たのを持ち寄って、家族でお昼を食べる習わしだった。長兄の子や、近くに嫁いだ長姉の子（私にとってはおい・めい）が入学してくるまで、忙

小学6年生の修学旅行で新潟市へ。私（最後列の中央部、男子3人の真ん中）を含めてほぼ全員が初めて海を見た。担任の南雲先生（左端、前から3列目）については後に記す＝1954年6月

しい家族は運動会に来られなかった。そんな子だけが数人集まり、グラウンドの片隅でおにぎりを食べた。

小学校時代の授業や行事の思い出はあまりない。父に命じられて農業を手伝う以外は、イワナ釣りやカジカ獲りばかりやっていたからだ。遠足は楽しかったが、行き先はほとんど五十沢《いかざわ》村かその近郊ばかり。せいぜい後に合併してできた六日町の城内地域かその近郊に限られる。

それに比べて修学旅行は新潟市とその周辺で、期待は大きかった。今は上越新幹線があるので1時間半くらいで行けるが、当時は上越線から信越本線に乗り継ぎ、3時間近くかかった。電車に乗るの

が初めてという級友がほとんどで、みんな大はしゃぎだった。

新潟市内や弥彦神社（弥彦村）を巡った中では、信濃川にかかるおよそ３００メートルの萬代橋が記憶に残っている。わが家の近くを流れる五十沢川が三国《さぐり》川に、さらに谷川岳から流れる魚野川に入り、やがて信濃川という大河になることを実感できたからかもしれない。

しかし、なんといっても感激したのは生まれて初めて目にした海だ。新潟港を訪れた時だった。潮の香りも、波の音も、全く新しい体験で、広さと大きさに圧倒された。

忘れかけていた修学旅行のことをあれこれ考えているうちに、もっと幼い、３歳くらいの頃に電車に乗ったことを思い出した。おそらく目の治療のために父に抱かれて、時には体調が悪くなっていた母に背負われて、長岡の病院へ行ったのだと思う。車窓の電柱や樹木が後方へ流れ去って行くのが不思議で仕方がなかった。今の今までまったく忘れていたのに、人の記憶とは不思議なものである。

左目の正常な視力を失ったこと。

早くに母を亡くしたこと。

どちらも災難であり、試練であったかもしれないが、後で考えると、大きなプラスと大きなマイナスの両方を私にもたらしたように思う。そして「この経験」がなければ、私の人生は全く違ったものになっていたことだろう。

五十沢中学校へ進む

学校嫌い、勉強嫌いだった私に小さな変化が起こったのは、西五十沢《いかざわ》小学校の6年生になった頃だ。五十沢中学の3年生だったすぐ上の姉・千枝子からこう諭されたからである。

「来年は中学生なんだから、少しは勉強しないとついて行けなくなるよ」

千枝子の上の兄は私より6歳も上なので、きょうだいの中で遊び相手といえば3歳違いの千枝子だった。幼い頃は取っ組み合いのケンカをしたり、髪の毛を引っ張って泣かせたりしたこともあるが、勉強ができてクラスの副級長を務めていた姉は、いつの間にか大人びて、私をたしなめるのだった。

私が2年生と6年生の時の担任だった南雲源二先生は教え方がうまかった。南雲先生のお兄さんは共産党系の活動に加わり、戦時中は特別高等警察にマークされていた。南雲先生も少し影響を受けたようだが、そうした経歴の持ち主には珍しく、後に校長を務めた。国語教育に熱心で、『しみわたり　魚沼の方言』（八海文庫）という本も出している。終戦

五十沢中学校１年生の時、クラスメートと校庭で雪かき。この頃になるとわらぐつでなくゴム長を履く生徒が多かった＝1955年

で世の中の価値観が一転し、どの教師も戸惑ったはずだ。そんな中で南雲先生は一本筋の通った尊敬できる先生だった。

こうして私の成績は少しずつ上向き、クラスの真ん中ぐらいになった。

１９５５（昭和30）年４月、私は五十沢村立五十沢中学校に進んだ。47（昭和22）年の学制改革によって西五十沢小に間借りする形で開校し、３年前に新しい校舎が完成したばかりだった。つまり、西五十沢小と五十沢中の校舎は隣り合っていて、私は９年間、同じ場所に通った。兄たちが「俺は旧制だが、お前は新制だ」とか話しているのを聞いた記憶がある。

その後の町村合併により、2年生の2学期から六日町立五十沢中学校となった。40人くらいのクラスが三つあり、学区が広いので、三国川《さぐり》の上流にあった東五十沢小学校に中学校の分校が設けられていた。

中学生になったという自覚が芽生えたせいか、私は予習や復習をやるようになり、成績はクラスで10番目くらいに上がった。

左目がほとんど見えないため、スポーツは得意ではなく、特に球技は苦手だった。体育の授業で仕方なくやるくらいだったが、卓球だけは面白かった。今や日本は卓球の強豪国だが、この頃も国際大会で日本選手が大活躍し、日本中ににわか卓球ファンがたくさんいた。

部活動では理科部に入って部長も務めた。年間の活動の企画を立てたり、何かを作ったりする作業が好きだった。

理科部の顧問は理科の教師の貴堂《きどう》先生。ずっと後、40代になった私が相模原で「相模山路会」という登山グループに入ると、同じ苗字の人がいた。知人から新潟の出身らしいと聞き、会員名簿を見て電話してみると、「はい、それは私の父です」との答えが返ってきた。珍しい名字だから「もしや」と思ったのだ。

年齢を聞くと、ちょうど私が五十沢中学校で貴堂先生に教わっている頃に生まれたことになる。「世間は狭い」というのは本当だ。

中卒で就職を目指す

中学生になると人並みに勉強するようになったが、英語と数学は苦手だった。理科部に入ったのは、モーターはどうして動くのか、ラジオはどうして聞こえるのか、そんな素朴な疑問を持つようになったからだ。

その頃、ガラスや金属にも書けてすぐ乾く油性マーカー（太めのフェルトペン）が登場したが、すぐに書けなくなってしまう。すると理科部顧問の貴堂先生がキャップの内側に揮発性の有機溶剤であるアセトンを少し垂らし、しっかりフタをする方法を教えてくれた。

こうすると数分で元通り書けるようになる。乾いて書けなくなったペン先をアセトンがよみがえらせてくれるからだ。アセトンは染み抜きに使えるし、マニキュアの除光液にも含まれている。理科部で学んだことが日常生活の役に立つことが、面白く感じられた。

卒業アルバムに載った五十沢中学校理科部の面々。右端が部長の私、後列左端が顧問の貴堂先生

中学校時代のいちばんの思い出は3年生の初夏、東京や神奈川を巡った修学旅行である。行き先は国会議事堂、国会図書館、皇居、羽田空港、江の島、鎌倉、横浜港などだった。私はこの時初めて、後に人生の大半を過ごす神奈川県に足を踏み入れたのだ。ちなみに東京タワーが開業したのはそれから1年半後の1958（昭和33）年12月のことである。

修学旅行を前に、ずっと欲しかったカメラを買ってもらった。ところが今と違って、露出や絞りの調整が難しく、せっかくの思い出もピンボケばかり。おまけに私自身が撮影しているので、自分の写真はほとんど残っていない。

故郷・新潟で過ごした15年間の思い出を胸に、私は多くの同級生と同じく就職するつもりだった。集団就職で田舎から都会に出る中卒者は「金の卵」と呼ばれていた。９人の子を育てた家庭に金銭的な余裕はなく、成績も高校合格「確実」といえるほどでもない。就職のための履歴書を書いて父に見せると、真顔でこう言われた。

「お前は四男ではなくて五男だよ」

私はこの時初めて、早死にした兄と姉がいて、自分は11番目の子だと知った。日中戦争下の40（昭和15）年、厚生省（当時）は10人以上の子を持つ親を「優良多子家庭」として表彰する制度を設けた。責任感が強い父は、その栄誉を目指していたのかもしれない。しかし11回ものお産は、母にはさぞ過酷だったろうと思う。

雪国の短い夏が終わり、農家の稲刈りが一段落すると、３年生の就職先探しが本格化する。当時は田植えや稲刈りが忙しい農繁期は学校が休みになった。子どもも重要な労働力だったからだ。最後の稲刈りを終えた私は、本格的に就職を考える時期を迎えた。

その頃はラジオの全盛期で、普及の兆しを見せ始めていたテレビはまだまだ高嶺の花だった。

「できることなら、電気製品を組み立てるような仕事をしてみたい」

そう考えた私は、有名な「秋葉原電気街」への就職を思い描くようになった。

義姉の一言で高校進学

中学卒業後は秋葉原電気街のような所で働きたい――。漠然とそんな将来像を描いていたある日、幼い頃から私を育ててくれた義姉（長兄の妻）の文江が突然、「この子は高校へ行かせた方がよい」と、私の高校進学を強く勧めた。

就職するものと思い込んでいた父も、長兄も、当の私も驚いた。しかし文江は考えを変えなかった。とうとう父も兄も承諾し、私は地元の新潟県立六日町高校を受験することになった。

とはいえ、受験までもう時間がない。果たして今から間に合うのか、不安は大きかった。突然の進路変更は教師や受験生の間でも話題になり、「そうか、一緒に頑張ろう」と言ってくれるクラスメートもいたが、陰では「松井は英語で落ちるだろう」とか「去年も1人落ちたな」など、不穏当な会話が交わされていたらしい。

五十沢《いかざわ》中では教師陣が受験生の成績を吟味し、合格確実と判断した生徒しか受験させなかった。しかし毎年1人ぐらいは目算が狂うもので、私は「急な進路変更だから、落ちても仕方がない」くらいに思われていたようだ。

五十沢中では受験直前に渡す3学期の通知表に、担任教師が「合格確実」という励まし

六日町高校へ進学し、遠足先で。右から４人目が私

の言葉を記してくれるのが常だった。ところが私の通知表には何も書かれていなかった。油断させないための配慮かもしれないが、「コンチクショウ」という気持ちが私を奮い立たせた。

教師の評価はともかく、受験を決意してすぐ、私は腹をくくった。六日町の和泉屋書店で受験参考書を買い込み、不得意な分野を中心に短期集中で必死に覚え込んだ。

すると試験当日、不思議なことに覚えたばかりの問題がいくつも出題された。特に苦手な英語と数学でことごとく「ヤマ」が当たって合格できた。運が良かったとしか言いようがない。

参考書選びが良かったのか、ここいちばん

の集中力か、あるいは義姉が作ってくれたお弁当の御利益かもしれない。いつもは日の丸弁当か、せいぜい前夜の残りものだが、受験当日はまるでお祝いのお膳のようなごちそうが詰められていた。

こうして1958（昭和33）年4月、私は六日町高校へ進学した。この年、五十沢中の卒業生約120人のうち進学したのは十数人。進学先は県立の長岡工業高校（長岡市）と加茂農林高校（加茂市）が1人ずつで、あとは全員が六日町高校だった。

一念発起して高校受験に成功したこと、社会へ出るのが3年延びたことは、私のその後の人生に間違いなくプラスだったと思う。そのチャンスを与えてくれたのは、育ての母である義姉の文江である。それに、この幸運な合格により、「自分は運がついてまわる男だ」とも思うようになった。この想いはその後の経営思想にも関係しているように感じている。

義姉は幼い頃から左目のけがのせいで劣等感を抱えていた私をいつも励まし、「人に感謝し、人を大切にする心」を教えてくれた。このことが後年、私が「経営理念を練り上げる過程に大きな影響を及ぼした」ことは間違いない。

その意味では松井文江はまさしく経営者・松井利夫の育ての母なのである。

自然に学んだ原体験

義姉の勧めで就職から進学に転じ、六日町高校に合格した私は、デコボコの砂利道を自転車で通った。行きは下り坂なので30分くらいで行けるが、帰りは自転車をこぎっぱなしでかなりきつい。雪の季節は私を含め、高校のある余川《よかわ》に下宿する生徒が多かった。

部活動は生物部に入った。田んぼの手伝いをさせられるたびに、「植物は土で育つのに、どうして稲は水をはった田んぼで育てるのか」、そんなことに興味を持ったからだ。

新潟では山古志村（現・長岡市）のニシキゴイが有名だが、魚沼地方の農家は田んぼで小さな黒いコイを飼っていた。残飯で育ち、生活排水を浄化し、ふんは肥料になり、泳ぎ回って泥がたまるのを防いでくれ、成魚になれば貴重なたんぱく源となる。コイを肥育する池を持つ家も多かった。

私の田舎は何もないが、自然は豊かだった。山菜を採り、タケノコを掘り、食べられる植物を見分け、川魚を獲り、マムシを捕まえて小遣い稼ぎをした。焼酎に漬けてマムシ酒にするためには、傷を付けないように生け捕りにしなければならない。マムシの毒牙は上顎の手前に、ヤマカガシの毒牙は口の奥の方にあるので、両者を見分けて捕まえるのがこつだ。

高校の生物部で自然や生物への関心を深めた。左から３人目が私＝1960年頃

山野の植物の見極めも大切で、例えばヤマツツジは酸っぱいが食べられる。しかしツツジは種類が多く、毒性を持つものもあるので、正しい知識が必要だった。

こうしたことを日々の生活の中で身に付ける一方、生物部ではそれらを知識として吸収していった。科学技術の世界では物理や化学も大切だが、多感な高校生の時期に生物について深く考え、学んだことは大きな財産になったと思う。なぜなら私のマネジメントに対する考え方の基本は、「自然科学的な発想」がベースとなっているからだ。

しかし自然は豊かな恵みをもたらすだけではない。高校１年生の冬休み、自宅の裏山で友人と5、6人でスキーをしていた私に思いがけないことが起きた。

スキー板をかつぎ上げては滑り降り、イモや餅をたき火で焼いて昼飯にする。そうこうするうちに午前中の日差しで溶けた雪面が日影になって表面が凍る。それからが本番だ。クラスト（積雪の表面が凍った状態）して滑りやすくなった斜面の立木を旗門に見立て、回転競技のように滑り降りていく。ところがターンが一瞬遅れて左脚のすねを木に打ち付け、大きく前方に放り出された。

気が付くとヤッケを敷いた上に寝かされていた。その後、体格のよい友人に背負われたり、自力で歩いたりして何とか下山し、整骨院で診てもらうと、不全骨折を起こしていた。いわゆる「ひびが入る」という症状だ。

3学期が始まっても学校に行けず自宅で療養を余儀なくされた。松葉づえを借り、下宿から通い始めたのは2月になってからだった。慣れからくる気の緩みがあったのかもしれないが、自然から「なめるなよ」と叱られたような気がした。

できる人の勉強法を学ぶ

スキーでけがをして高校を休んでいる時、成績の良いクラスメートはいったいどんな勉強をしているのかが気になり始めた。私は英語が苦手で、1年生の1学期は39点で赤点、2学期は41点で赤点すれすれ。自分でも何とかしなければと思っていたからだ。

その後、松葉づえが借りられたので、高校近くの下宿に戻って通学を再開した。この時の下宿先は、同学年で英語の成績の良い山本君の家だった。彼は帰宅すると声を出して英文を読み上げながら勉強していた。

「そうか、日本語を話すのと同じことか」

そう気が付いた私は、山本君の勉強法をそっくりまねしてみた。すると3学期の英語は78点に上がった。これには英語の先生も驚いていた。この成功のおかげで、技術や技能のある人のやり方を学ぶという方法が効果的だとよく分かった。

この頃、大学に進む生徒はまだ少なかったが、2年生から進学クラスと就職クラスに分かれた。進学クラスは英語、幾何、代数などの受験科目に時間を割き、就職クラスでは商業簿記などの科目が加わるのである。

進学組のN君は五十沢《いかざわ》中学校の分校出身で、「田舎の神童」として知られていた。その後、群馬大学（前橋市）の医学部に進み、後に前橋で脳外科クリニックを開いた。私の学年では飛び抜けて頭が良かった。

2年生から3年生になる1960（昭和35）年、3月26日から4月1日にかけて修学旅行で関西を巡った。新潟・六日町から東京へ出て東海道線で西へ向かい、伊勢志摩、奈良、京都、そして大阪へ。そこから北陸経由夜行列車で戻る行程だった。

何泊目だったか、誰かが酒を買ってきて宿舎で飲酒した。それを巡回の先生に見つかり、学年主任の井口国平先生に報告されてしまった。すると、いつもは温厚な井口先生が珍しく厳しい口調で叱りつけた。

「首謀者は誰だ！」

自宅から高校へは自転車で通学し、
雪の季節は学校の近くに下宿した

井口先生は名乗り出た数人を壁の前に立たせ、ビンタを浴びせた。今なら大問題になるはずだが、当時はこの程度の体罰は当たり前だった。それに他のどの先生でもなく、生徒から信頼されていた井口先生に怒られるなら仕方がないという雰囲気があった。

別のクラスだった私は外出していてこのことを知らなかったが、見ていた生徒たちは「井口先生があんなに怒ったのを見たことがない」と驚いていた。

私が五十沢中学校から六日町高校に進んだ頃、旧五十沢村に映画館ができた。それまで映画を見るには魚野川を渡って六日町の中心地へ行くしかなかった。娯楽の少ない時代だけに大人も子どもも夢中になった。

最初に見たのは「赤胴鈴之助」だったと思う。邦画ではまだ若い中村錦之助（初代・後の萬屋錦之助）やデビューしたばかりの吉永小百合の出演作品が人気だった。

そして昔も今も、夏の楽しみといえば花火大会だ。南魚沼市内では7月に浦佐、塩沢の順に行われ、最大規模を誇るのは「直江状」で知られる直江兼続《かねつぐ》にちなむ南魚沼市兼続公まつり最終日の花火である。

2023（令和5）年は7月19日に行われ、私も帰省した。夜空を仰ぎながら、花火を眺めていると、ふと童心に返った思いがした。やはりオラがふる里である。

さらば故郷いざ東京へ

兼続《かねつぐ》公まつりは、かつては「六日町まつり」といい、私が子どもの頃は「なぬかび」と呼んでいた。始まりは六日町上町の八坂神社にある金比羅宮の祭礼で、魚野川の舟運の無事を祈る行事だったそうだ。「なぬかび」は7月7日の「七日盆」のことだと思うが、夏が短い雪国の人々にとって、昔も今も花火は最大の楽しみなのである。

1960（昭和35）年、六日町高校の3年生だった私は、故郷で過ごす最後の「なぬかび」を迎えた。それは2歳下の、えくぼのかわいい東京の女生徒と再会する特別な日でもあった。毎年夏休みに母方の田舎である六日町を訪れる彼女とはその前年に知り合い、文通を続けていた。当時はそれが、唯一の連絡手段だったからだ。

夕暮れ、自転車に2人乗りして「なぬかび」の花火大会を見に行った。近隣の人が集まり歩けないほどの雑踏も、花火の音も、屋台の呼び声も、それまでとはまるで違って感じられた。

短い夏が終わると就職活動が本格化する。地元に残る者、都会へ出る者それぞれだが、就職先は学校への求人や親戚の紹介などで決まることが多かった。私も求人があった割賦販売・小売業の丸井（現・株式会社丸井グループ）を受験するために上京したが、卒業生から仕事は倉庫の荷物整理や工場勤務だと聞き、あまり気乗りがせず、内定をもらったものの辞退してしまった。改めて理工系の就職先を希望し、東京の品川区小山にあったプラスチック成型メーカーの求人に応募した。日本でプラスチックの大量生産が始まった58（昭和33）年に創業したばかりの新興会社で、家庭用プラスチック用品の成型を手がけていた。

業績が良かったのか、宣伝の意味があったのか、採用試験を受けた私たちは、食器や容器、湯桶などをもらった。プラスチック製品は「壊れにくくて軽い」と評判だったが、田舎ではまだ珍しく、持ち帰ると近所の人が見に集まって来た。プラスチック製造は当時の先端工業だった。その意味では将来性が感じられ、父も、育ての親である長兄夫婦も喜んでくれた。

61（昭和36）年、六日町高校を卒業した私は2月28日早朝、学生服に学生帽姿で急行「佐渡」に乗り込んだ。昼過ぎに上野駅に着き、山手線と東急目黒線を乗り継いで小山に向かった。先にチッキ（鉄道小荷物）で着替えを詰めた柳行李《こうり》と、布団を送っていた。それと持参した現金3000円が上京時の全財産である。

「さあ、ここから新しい人生が始まる」

しかし理想と現実に差はつきものだ。2階建ての社員寮は寮とは名ばかりで、倉庫にベニヤ板の間仕切りを付けただけとしか思えなかった。トイレは1階にしかなく、洗面所は工場内の手洗い場と兼用だ。食堂もない。何よりも都会ならではの蒸し暑さがつらかった。

どんなにつらくても、これからは実家に頼らず、自ら生きる基盤を築くしかない。2年

新潟から上京し、プラスチック成形工として働き始めた。「1961年夏、屋上にて」

間は帰郷しないと決めていたし、若者らしい甘い思いもあった。

「東京で働き始めれば、いつでもあの子に会える」

しかし就職決定と同時に私はふられ、手も握れなかった青いレモンのような初恋は苦い思い出に変わった。

「ふったことをきっと後悔させてやる」

何ともひとりよがりなマイナス思考だったが、私の人生を左右する起爆剤の一つとなった。

第二章　神奈川で起業へ

技術を身に付けたい

私が新潟から上京し、プラスチック工場で成型工として働き始めた1961（昭和36）年の実質経済成長率は14・5％であった。55（昭和30）年から73（昭和48）年まで続いた日本の高度経済成長期の中で最高を記録した年であり、3年後の東京オリンピックに向けて、日本も東京も活気づいていた。

成型工となった私の一日は、社員たちが「機械場」と呼んでいた工場の電源を入れることから始まった。朝食後の8時半から勤務し、終業が夜の9時、10時になるのは当たり前だった。夏になると、換気の悪い工場内の温度は40度を超えた。

毎日オイルまみれ、汗まみれになったが、銭湯に行けない日も多かった。そんな時は工場内の流し場で業務用せっけんをこすりつけ、冬でも水で洗い流した。毎日がそんな調子で、就労時間は月に250時間を超えた。そのため、初任給は7500円だったが、残業手当を入れると手取りで1万円に届いた。

主な仕事は金型に溶融した樹脂を注入する射出成型機の操作、金型の装着などだった。私は手順や機械操作などの覚えは早かったが、慣れるのも早く、うっかり機械に手をはさむ事故を起こし、16針も縫うけがをした。一瞬の気の緩みだった。

私の勤め先近くの武蔵小山商店街で、再会した同郷の友人と。左が私＝1961年夏

「少しずれていたら骨と神経を痛めて、大変なことになるところでしたよ」

医者の言葉に思わず背筋が寒くなった。運が良かったと思う一方、このままここで働き続けていいのだろうかという疑問も湧いてきた。

当時の勤め先には数十人の社員がいた。私たちが工場で汗だくになって働いている最中、事務所では扇風機の涼風を浴びながら、優雅にお茶を飲んでいる人たちがいる。その違いはどこにあるのか、それは学歴だった。いわゆる管理職はほとんどが大卒であった。

そんな頃、東京の葛飾区に住んでいた親戚と会う機会があった。父の兄の息子で、日立製作所に勤めていた。私は気心が知れている安心感から、将来への漠然とした不安をふと漏らしたのだと思う。

「利夫、これからは電気の時代だよ。何か勉強するつもりがあるなら、電気にしておけ」

私はこの言葉に背中を押された。これからの自分に必要なのは学歴ではなく、実力の裏付けとなる知識や技術だと感じたからだ。

早速、会社の近くの図書館に行き、学校ガイドで夜学を片っ端から調べた。建学の精神や教育方針を見比べているうち、「真に実力を備えた学生だけが卒業できる」という実力主義の東京理科大学に心をひかれた。

だが、高卒1年目の私にはお金がない。理科大は私立の理系なので、授業料どころか入学金すら払うことができない。私はこの日を境に学費のための貯金を始めたが、受験まで半年足らずしかなく、それまでの分も含めて、用意できたのは7万円だった。

学費を払える学校は限られ、選択肢は狭まったが、その中から選んだのが工学院大学専修学校（東京都新宿区、後に専門学校となり現在は廃校）の電気科だった。もちろん夜学である。

こうして1962（昭和37）年4月から、日中は工場で働き、仕事を終えると夜学に通う生活が始まった。

山歩きの魅力を知る

工学院大学専修学校の電気科で学び始めた私は、すぐに山岳部に入った。それにはこんな伏線がある。

上京した1961（昭和36）年の夏、エアコンもない名ばかりの「社員寮」の2人部屋で寝苦しい夜を過ごしていた。お盆にも帰省せず、たまに近くの武蔵小山商店街をぶらぶら歩くのが何よりの息抜きだった。会社の人に誘われて、逗子海岸や大磯ロングビーチに出かけたりしたが、憧れの海の広さより、そこら中から湧き出てきたような人の多さに驚くばかりだった。

ところが9月になって、同郷（新潟県旧五十沢村出身）の友人と一緒に奥多摩へ行くと、まるで田舎に帰ったような懐かしい心地がした。

「都心からこんなに近いのに豊かな自然がある」

それまで目にしていた東京は、アスファルトとコンクリート、排気ガスとばい煙に覆われた街だった。それが私の夢や希望をしぼませていたが、そんなモヤモヤがどこかに吹っ

社会人１年目。分割ローンで購入した登山靴とリュックで、１人で高尾山から相模湖へ=1961年11月５日

飛んだような気がした。すっかりうれしくなった私は翌週、今度は会社の先輩たちも誘い、４人で中津渓谷へキャンプに出かけた。宮ヶ瀬ダムの建設計画が発表される前のことで、美しい緑と清流にいやされた。

さらに11月５日、今度は高尾山から相模湖まで１人でハイキングに出かけた。これがきっかけですっかり山歩きにはまり、１人で、時には人を誘って東京近郊の山や沢を訪れるようになった。三浦半島の大楠山から衣笠山、青梅の高水《たかみず》三山、奥多摩の大岳山などに登ったり、海沢渓谷を遡行《そこう》したりした。交通費と昼食のおにぎり代だけで、一日、大自然の中で過ごせることも魅力だった。

私が生きるためには「自然」と触れ合うことが欠かせないのであった。そんな時、62（昭和37）年の春から通い始めた専修学校に部活動があり、しかも山岳部があると知って、入部を決めたのである。

中学校では理科部、高校では生物部だった私にとって、体育会系の部活動特有の規律と厳しさは初体験だった。何事も先輩の言うことが絶対なのである。しかし、厳しい自然と対峙《たいじ》するために、必要なしごきであったと今は思う。

その年の年末、山岳部員は北八ケ岳で越年するため東京を出発した。長野と山梨にまたがる八ケ岳連峰の北側で、２０００メートル級の山々が連なっている。私たち新人は先輩たちが目を光らせる中、必要な用具がそろっているか入念にチェックし、５日分の食料を背負って登った。私にとって、生まれて初めての冬山登山だった。

こうして63（昭和38）年元旦、私は20歳の誕生日を、美しい雪景色と厳しい寒さの北八ケ岳で迎えたのである。

この経験は山登りの魅力と冬山登山の厳しさを知るのに十分だった。それからというもの、より困難なもの、未知なものを求めて、登山技術の向上を図った。ひたすらに山へ登った時期もある。さらにはただ単に山を歩くのみならず、一つの山を対象に、地域や山塊としてさまざまな角度から研究したいと考えるようになった。そして、そんな熱病のような時期が過ぎると初心に返り、失われつつある人間の心や自然の恵みを求め、静かな山歩きを楽しむようになった。

私の山登りの、その全ての原点はこの冬の北八ケ岳にあったのかもしれない。

神奈川で働き始める

勤め先の寮で寝起きしながら、プラスチックの成型工と夜学生という二足のわらじ生活を続けるうちに、私は「時間の管理」の大切さを自覚するようになった。

やらなければならないことが多過ぎて、時間はいくらあっても足りない。まず心がけたのは、仕事と勉強を両立する大変さを言い訳にはしないことだ。そして歩く時は早足で歩き、行き先までの最短時間を考える。電車での移動時間は読書に充て、一分一秒たりとも無駄にしない。

夜学に通い始めると残業ができなくなり、経済的には大ピンチに陥った。生まれて初めて購入した背広も質屋に入れたまま。簡単に作れる即席ラーメンで空腹を満たし、白飯に

1962年２月、勤め先の社員旅行で箱根湯本温泉を訪れた。ここで着ている背広は、同年４月から通い始めた夜学の学費を工面するための質草になった

サンマが1匹あれば最高のごちそうだった。テーブルはりんご箱だったが、わびしさを感じることはなく、目的に向かって努力している実感の方が勝っていた。

こうして１９６４（昭和39）年3月、工学院大学専修学校電気科を2年で卒業し、そのまま同校の機械科へ進んだ。電気設計を学ぶうちに機械設計にも興味が出てきたからだ。それに基礎課程は電気科と共通なので、1年で卒業できる点も魅力だった。

電気科を終えてからは、学校が専門を生かせるアルバイトを紹介してくれるようになった。その一つが川崎製鉄（現・ＪＦＥスチール）の関連会社への派遣だったが、毎日のように千葉まで行かねばならない。そうすると勤務先の武蔵小山（東京都品川区）と学校のある新宿、アルバイト先の千葉との移動に時間がかかり、交通費もかさむ。

派遣先にそう訴えると、会社のオフィスの２階に住んでもよいことになった。私は思い切って勤め先を辞め、学業とアルバイトに専念することにした。しかしこの新居はしょせんオフィス仕様で住み心地はよろしくない。そんな悩みを学校で話すと、こう声をかけてくれるクラスメートがいた。

「僕は間もなく引っ越すので、今いる部屋が空く。松井君、そこに住まないか」

ありがたい話だったが、その下宿は川崎市の柿生（現・麻生区）にあった。柿生と新宿、千葉の行き来では時間のロスが大き過ぎる。

「千葉の仕事はアルバイトだ。そうだ、柿生の近くで仕事を探そう」

私は新聞で「東邦電機工業相模工場」（座間市）の求人広告を見つけた。本店は恵比寿（東京都渋谷区）にあるが、相模工場の最寄り駅は小田急相模原なので、下宿のある柿生にも、学校のある新宿にも、小田急線１本で行ける。試しに応募してみると、すぐに採用された。

専修学校の電気科を卒業した経歴が役に立ち、新たなサラリーマン生活を始めることができた。しかも東邦電機工業には私と同じように専修学校や大学の夜間部に通っている者が何人かいて、午後4時半での退社が認められていた。これはありがたい制度だった。

ちょうど東京オリンピックが始まった頃で、質流れで入手したラジオで日本人選手を応援した。会社でも「オリンピックの名花」と称えられた体操のチャスラフスカ選手（旧チェコスロバキア）や、マラソンでオリンピック連覇を達成したアベベ選手（エチオピア）の話題で盛り上がった。

本格的に山登りを始める

東京オリンピックの余韻がまだ残る1965（昭和40）年春、私は工学院大学専修学校機械科の卒業設計の製作と、卒業試験の準備に明け暮れていた。

しかし、気がかりなことが一つあった。故郷・新潟で父の留治がいつものように雪下ろしをしていて屋根から落ち、寝込んでいたのだ。兄夫婦から何度か届いたはがきで、容体があまり良くないことも分かっていた。

前年、父が柿生のアパートを訪ねて来た時の顔が、何度も脳裏に浮かんだ。寝に帰るだけの殺風景な部屋を見て、末っ子のみすぼらしい暮らしぶりを心配していたようだった。

「卒業証書をもらったら報告を兼ねて帰郷しよう」

そう心に決めていたが間に合わなかった。無情にも「チチシス」という電報が届き、しかも告別式が大事な卒業試験の日と重なっていた。

私はすぐに学校の事務室に行き、卒業試験の追試を願い出た。卒業の判定にあたって重視される卒業設計はすでに提出していたので、何とかなると思ったのだ。しかし事務員は「追試はできない」の一点張りで、上司や教授に取り次ぐことさえしてくれない。

仕方がない。私は「機械科の卒業証書は要らない」と割り切ることにした。電気科の卒業証書があるので、資格としてはこれでいいと思ったのだ。

父は71歳で亡くなった。当時の平均寿命をやや上回ってはいたが、私はまだ何ひとつ親孝行をしていない――。22歳の私にはそれがいちばん悔やまれた。

葬儀を終え、柿生に戻った私の生活は一変した。夜学を修了し、時間的にも経済的にも余裕が生まれたため、愛好家が集う山岳会に入り、休日ごとに山歩きに出かけるようになったのだ。

57（昭和32）年に結成された「わらじの仲間」という会で、「渓谷から頂へ」をキャッチフレーズに掲げ、渓谷からの山歩きをテーマとしていた。個々ではできないことを組織で成し遂げようという考え方で、未開の山を探ったり、その山独特の雰囲気や地理的状況、植生、生息動物などを実際に観察して記録する地域踏査山行も積極的に行っていた。

まだ初心者の部類だった私は、この「わらじの仲間」を通じて登山のノウハウを身に付けていった。仲間と一緒に、あるいは1人で、北アルプスや南アルプスよりも、訪れる人の少ない越後や南会津の山をよく歩いた。都会を離れ、山麓のひなびた山の湯に漬かり、人情味あふれる村人と語らうと、人間らしさを取り戻せるような気がした。

専修学校山岳部での北八ケ岳登山をきっかけに、冬山登山にも挑戦。新潟・群馬県境の谷川岳で＝1967年12月

仕事も順調だった。東邦電機工業は鉄道の信号装置や保安装置の設計・製造・販売を手がけていて、この頃は東海道新幹線の開業などが業績の追い風となっていた。

ただし、鉄道は安全であること

が当たり前で、絶対に人命を危険にさらすことのないようにシステムを構築する必要がある。そのため、装置はいつか必ず壊れることを前提に、故障や異常が発生しても、安全に動作させる「フェイルセーフ」という考え方（直訳すると「失敗、でも安全に」か）を徹底的に教え込まれた。

機電一体設計に着目

工学院大学専修学校に通っていた１９６４（昭和39）年、私は東邦電機工業に転職し、設計部で鉄道の踏切や信号装置などの設計に携わるようになった。

同年秋に開業した東海道新幹線には、一定速度を超えると自動的にブレーキがかかる最新の自動列車制御装置（ＡＴＣ）が採用されていた。最高速度が時速２１０キロに達する「夢の超特急」の運行には、高度な安全性を備えた運転保安システムが必要だった。

もっとも新米設計士の私が手がけたのは、電車が近づくと警報音が鳴って遮断機が下りる踏切の安全装置や、電車の運転士が目視で確認する信号装置などだ。もちろん、それらも鉄道の安全運行に必要不可欠な装置なのである。

今の踏切の警報はほとんどが電子音だが、当時は踏切警報機の上部の鐘を実際にたたく

東邦電機工業で設計の仕事をする＝1968年１月

方式で、電鐘式、電鈴式と呼ばれた。チンチンと鳴り響く音を懐かしく思う人もいることだろう。

東邦電機工業の仕事は国鉄（当時）関連が中心で、相模線で実験することも多かった。想定通りに作動するか確かめ、新たなシステムの開発に生かすのである。

実験では相模線の線路沿いに何人かの社員が離れて待機し、車両が近づくと笛を吹いて知らせた。安全確保はもちろんだが、「黄害」を避けるためでもあった。その頃の車両のトイレは垂れ流しで、線路の近くにいると汚物を浴びる可能性があったからだ。

当時の相模線はディーゼル車が主流で、

砂利を積んだ蒸気機関車が通ることもあった。相模川での砂利採取が禁止されると貨物輸送の需要が減り、赤字路線となった。電化が遅れたのはそのためかもしれない。

左目の視力がほとんどない私にとって、製図板と長時間向かい合ってミリ単位の線を引く、目を酷使する仕事は楽ではない。父は亡くなる直前までそれを心配してくれていたが、新しいアイデアを考え、形にする設計業務はやりがいがあった。ところが仕事に慣れるにつれて、不便を感じることが増えていった。電機の設計と機械の設計がかみ合わず、やり直すことが何度もあったからだ。

ざっくり言うと、機械設計は、構造体を構築するための材料や強度、駆動などの全体的な構造設計を行うこと。電気設計は、機械を動かすための制御全般の設計を行うこと。人間に例えれば機械設計は「体」、電気設計は「神経・脳」といえるかもしれない。

もちろん、設計士にはそれぞれ専門分野があり、機械設計の担当者と電気設計の担当者は、打ち合わせを繰り返して構想を進めていく。しかし私は今でいう専門学校で電気科と機械科の両方に在籍して学んでいたので、両者を統合できないかと考えるようになった。

これが「機電一体設計」だ。実際には機械工学、電気工学、電子工学、情報工学など、広範な技術の融合を意味し、その後、目覚ましい進化を遂げた。

独立起業の夢を実現

私が機械設計と電気設計を融合させる「機電一体設計」を強く意識するようになったのは、東邦電機工業入社から2、3年経った頃だったと思う。

機械設計と電気設計の不一致に悩まされることが多く、「両者を学んだ自分なら、もっと効率よく仕事ができる」と考えるようになった。しかも周囲には、社員としてではなく個人事業主として、あるいは派遣のような勤務形態で設計業務に携わる技術者が何人かいた。そういう人たちと出会い、話すうちに、「サラリーマンではない働き方」に興味を抱くようになった。最近注目されている「働き方改革」の一歩だった。

入社から4年目の1967（昭和42）年5月、私は柿生（現・川崎市麻生区）の間借り生活を卒業し、相武台（現・相模原市南区）の貸家に移り住んだ。6畳、4畳半の2間に台所、風呂、トイレが付いただけの小さな「城」。それは近い将来の独立を考えた上での引っ越しだった。

今では当たり前のように使われている「メカトロニクス」という言葉は、メカニズム（機械装置）とエレクトロニクス（電子工学）を合わせた和製英語である。その商標登録が安川電機（福岡県北九州市）から出願されたのは69（昭和44）年のことだ。実際に登録されたのは72（昭和47）年だが、その後、商標権は放棄されている。しかし現場の設計技術者の間では60年代後半から意識されていて、そんな空気も私の背中を押した。

そして68（昭和43）年、25歳になった春、私は東邦電機工業に辞表を出し、7月に「松井設計事務所」を開業した。貸家の4畳半の和室に2面の製図板と書類棚を置いただけのスタートだった。

だが、なぜこのタイミングで独立したのかと聞かれても答えに困る。父の口癖だった「鶏口牛後」の教えがいつも脳裏にあり、「男の夢とロマンを求めた」ということにしておこう。しかし、実際には自信もお金もなく、現実は思っていた以上に厳しかった。何しろ仕事がほとんどない。たまに依頼があっても、不出来だという理由でまともに代金を払ってもらえない。いや、それが当時の私の技術力に対する相応の対価だったのだろう。

ささやかなプライドも、技術者としての自信も打ち砕かれた。電電公社（現・NTT）に申し込んで3カ月待たされ、ようやく引いた卓上電話はまったく鳴らなかった。だからと言って、製図板の前にじっと座っているわけにはいかず、昼間は営業に駆け回り、夕方からわずかな受注設計をこなす。その後で機電一体設計の勉強という日々を繰り返した。

自宅4畳半に製図板と書類棚を置いてスタートした「松井設計事務所」。これが「アルプス技研」発祥の家だ

若造だと見られたくなくて、地味な背広とネクタイを着用し、大好きな山登りからも遠ざかった。いっそサラリーマンに戻ろうかと何度も思った。だが、独立・起業の夢を語った時、「お前なんかにできるもんか」と言われたことが思い出され、意地になった。

68（昭和43）年も暮れる頃、踏切保安装置などを手がける大同信号株式会社（東京都港区・当時は東京都大田区）から声がかかり、喜んで引き受けた。ついつい熱が入り、資料を自社に持ち帰ることもあったが、すぐにこんな注文が出された。

「必要な書面やカタログを持ち帰られると、こちらが必要な時に困る。うち（当社）

で作業をしてくれないか」

当時、「派遣」という働き方はまだ認知されていなかった。そのため、私の立場は大同信号から松井設計事務所への「業務委託」、あるいは松井設計事務所から大同信号へ「出向」しての勤務となるが、これが後の「技術者派遣」という働き方の出発点となった。

28歳で有限会社を設立

1968(昭和43)年は私にとって激動の年だった。松井設計事務所を開いて独立したものの、仕事がなくて困窮を極めた。しかし大同信号株式会社の仕事を受注し、同社に出向して勤務することで、何とか安定した収入を得られるようになった。しばらくすると、株式会社三工社(東京都渋谷区)からも受託設計と出向依頼があった。この経験が後の技術者派遣業の原点となっていく。

私と大同信号や三工社とのつながりは、東邦電機工業時代にさかのぼる。3社とも鉄道信号の開発や設計、製造関連企業が集まる社団法人信号保安協会に加盟していたため、技術者同士が顔を合わせることが多かったからだ。

この3社と、日本信号株式会社(東京都千代田区)、株式会社京三製作所(横浜市鶴見区)

職住分離のため、相武台（現・相模原市南区）で酒屋の倉庫の半分を借りて事務所に。ここで初めて「有限会社アルプス技研」の看板を掲げた。畑も多く、のどかな環境だった

の2社は、主に国鉄の仕事を受注していて「信号5社」と呼ばれていた。短いサラリーマン生活だったが、そこで培った人脈に助けられたのである。

しかし出向での仕事には問題もあった。自宅兼事務所での請負なら、寝る時間を削って設計図を仕上げればよい。しかし勤務時間や場所が決まっている出向先が増えると、とても1人では対応しきれない。

設計事務所を開いた翌年に知り合いの電気設計技師・江藤が加わってくれた。しかしまだ仕事は少なく、給料を払えないことも何度かあった。

もう一つ、問題だったのは事務所と自

宅が兼用だったことだ。実は私は69（昭和44）年春、東邦電機工業で同僚だった利恵子と結婚していた。そのため、わずかな貯金は結納や結婚式に消えた。しかも当初は共働きだったが、妻が妊娠して収入が途絶え、生活のやりくりは一層苦しくなった。しかも私は出産費用としてためていた10万円を、こともあろうに事務所の運転資金に充ててしまったのだ。泣きながら抗議する妻の前で、私はひたすら頭を下げ続けた。そんな困窮生活の中、70（昭和45）年7月に長女・岳美《たけみ》が誕生した。

これまではどんなに貧乏でも、自分が我慢すればよかった。しかし、家族の生活を守れないことは大きな精神的な苦痛となった。

私は心機一転、近所の酒屋店主に頼み込み、倉庫の半分（およそ8畳分）を改造してもらい、職住分離を実現した。製図板3面、事務机、書類棚を置き、流しとトイレを付けた間取りで、残り半分は倉庫のままだった。わずかなスペースだったが、この時の酒屋の好意は当社の歴史において、忘れてはならない事である。

しかし、事務所の器が変わっただけで、早朝7時から深夜まで働き、夜鳴きそば（ラーメン）を食べてまた作業を続ける暮らしは相変わらずだった。この苦境を脱するにはどうするか、私はあれこれ考えた末に法人化に舵《かじ》を切った。個人事務所でできることには限界があり、組織化が必要だと感じたからだ。

71（昭和46）年1月、私は資本金１００万円で「有限会社アルプス技研」を設立した。アルプス山脈のような雄大な企業への成長を夢見て命名したのである。

法人化を機に、社員は私と江藤を含めて5人となった。全員が20代で、私は28歳の青年社長である。そう言えば聞こえはいいが、時間帯によっては営業マンであり、設計士であり、清掃担当でもあった。

駅の改札前に求人広告

日本の人材派遣業は１９６６（昭和41）年11月、米国の人材派遣サービス会社「マンパワー」が「マンパワー・ジャパン」を設立し、外資系企業に事務スタッフを派遣したことに始まったとされる。

ただし、この時代はまだ厳密には「人材派遣」ではない。「労働者派遣法」が施行される86（昭和61）年までは依頼先の発注内容に従って、自社で雇用する社員を自社で指揮命令する「業務請負」の形態を取っていたからである。

そんな中で70年代になると、「テンプスタッフ」や「パソナ」などの人材派遣会社が次々と設立されていった。それは終身雇用、年功序列型の労働市場が曲がり角にさしかかっていることを示しており、私が「働き方」を深く考える原点となった。私が相模原で有限会社アルプス技研を設立したのも71（昭和46）年の1月である。

72（昭和47）年7月、田中角栄が54歳で内閣総理大臣となった。私の故郷は角さんの選挙区である新潟3区（当時の中選挙区）に属していたため、地元は大いに盛り上がった。

しかし、当時の私は会社を守るだけで精いっぱい。新潟出身の総理の誕生は遠い世界の話だった。当時は高度経済成長期の末期にあたり、好景気の中で受注は少しずつ増えていった。しかし私も含めて全員が若く、設計技術者としての経験不足を痛感することが多かった。そのため、依頼されるのは制御盤の構造、製造現場に欠かせない治工具、プリント基板などの設計などが中心だった。安くて時間がかかる仕事を数多くこなして売り上げを稼いだが、このままでは「図面屋」の域を脱せない。この壁を越えるには優秀な人材を確保する必要がある。

そう考えた私はアルプス技研の最寄り駅、小田急線相武台前駅の改札の真っ正面に求人広告を出した。と言っても新聞紙を見開きに広げたよりも少し大きいA1サイズの模造紙に、マジックで「社員募集」と手書きしたものだ。

有限会社アルプス技研を設立した年の社内旅行で。右から２人目が私＝1971年

ここに大書した「アルバイト・パート可」の文言が効いた。相武台前駅は日産自動車座間事業所の最寄り駅でもあったため、日産の自動化ラインのリーダークラスなど、ハイレベルな設計技術者の応募が何人もあったのだ。彼らは通常勤務を終えた後や休日に、アルプス技研からの依頼を自宅に持ち帰り、アルバイトとして、つまり副業としてレベルの高い設計図をどんどん描いてくれた。

私たちは受注先にそれを見せたり、コンペティションに応募したりして、自社の技術力の高さを売り込んだ。こうしてアルプス技研に対する評価は高まり、信用を得ることができた。そしてこの時期に、いくつかの大手企業との取り引きが始まり、わが社の業績の安定に役立った。

会社としての信用が高まると、設計の請負業務だけではなく、「業務に適した人材を提供してほしい」という依頼が増えてきた。これに応えるためには優秀な人材をもっと増やし、企業として成長する必要があった。

5カ年計画の始まり

１９７１（昭和46）年１月に資本金１００万円で有限会社アルプス技研を設立したことはすでに記したが、そこに至る経緯を少し補足しておく。

機電一体設計を掲げた個人事務所を企業へ脱皮させようと奮闘した70（昭和45）年は３月15日に大阪万博が開幕し、同月末によど号ハイジャック事件が起きた。６月には日米安全保障条約が自動延長され、反安保統一行動が全国規模で展開された。いわゆる70年安保闘争で、デモや集会への参加者は60（昭和35）年の安保改定時を上回った。一方では光化学スモッグなどの公害問題が各地に広がって環境問題への関心が高まり、ウーマン・リブ

(女性解放運動)が湧き起こった。良くも悪くもエネルギッシュで、時代は大きく動いていた。吹けば飛ぶような設計事務所にも、そんな熱気が伝染していたのかもしれない。

法人化を決意した私は、会社法(当時は商法の一部)や労働法の本を買ってにわか勉強をし、法務局や労働基準監督署へ何度も足を運び、会社定款や社内規程を自分で作成した。司法書士や行政書士に依頼するお金がなかったからだが、経営者であるがゆえに経験できることだと考えれば、何もかもが新鮮に感じられた。

そうした難産の末に誕生した新会社のオフィスは酒屋の倉庫を改造したもので、夏は息苦しいほど暑くなり、冬は底冷えがして、「アルプス」という爽やかな社名とは程遠かった。私も仲間の社員も若かったが、しばらくすると「ちゃんとした仕事場が欲しいなあ」というのが全員の口癖になった。

そんなある日、相模原市境に近い町田市内の土地を借りられるという耳寄りな話が持ち込まれた。私も仲間も大乗り気になった。中でも68(昭和43)年の独立・起業から「5年で企業へ脱皮する」という目標を掲げていた私には魅力的な話だった。具体的には「設計事務所らしい社屋を建設する」ことで、それは法人化してからも常々口にし続けてきた。

「漫然と仕事をこなすだけでは成長できない」

町田市金森の土地を借り、新社屋を建設。電気・機械設計製作をうたった看板も掲げた=1973年４月

「5年ごとの目標を立ててその実現を目指そう」

おそらく先輩経営者のハウツー本を読んで感化され、こうした「未来構想を描くことが経営者のあるべき姿」だと思うようになっていた。それでも「5カ年計画」を立てて「計画的に経営を進める姿勢」はその後も貫き通し、「長期事業基本計画」のベースにもなっている。

私は新社屋建設と人材確保のために銀行から250万円を借り入れた。高度経済成長の波は小さな有限会社にも及び、受注も伸び始めてはいたが、融資担当者との交渉は難航し、それが目一杯の金額だった。土地の賃貸契約料などを除き、社屋にかけられるお金は100万円余り。それでも73（昭和48）年4月、建坪20坪（約66平方メートル）の「新社屋」が完成した。

製図台は3台から倍の6台に増え、ささやかな応接セットも置いた。往来のある道路側に向けて「有限会社アルプス技研」という看板（横150×縦80センチ）も設置した。68（昭和43）年の独立からほぼ5年、こうして最初の5カ年計画を何とか達成することができた。しかし、5カ年計画の本旨である「企業への成長」を目指すのはこれからだ。

ところが新社屋に移って半年ほどが過ぎた同年10月、第4次中東戦争をきっかけに第1次オイルショックが起きた。産油国が原油価格を引き上げたことを受けて激しいインフレに陥り、その後の金融引き締めによって景気は一気に悪化した。

泥まみれの中の勇気

町田市内の借地に借金で建てた社屋ながら、名実ともに企業らしさを備えつつあった1974（昭和49）年は、オイルショックによる不況の中で始まった。高度経済成長を謳歌《おうか》してきた日本経済が、戦後初のマイナス成長となった年である。

1973年10月、長野県五色温泉の露天風呂で（右が私）。新社屋にも慣れて、プライベートな旅行を楽しむ余裕ができたが、この直後にオイルショックに見舞われた

私はこの前年7月にアルプス技研の第2次5カ年計画をスタートさせ、「優良取引先の拡大と内部資本の充実」という目標を定めていたが、いきなり冷水を浴びせられたようなものだ。

仕事に関する電話は鳴らず、派遣以外の仕事はほとんどなくなり、足を棒にして営業に回っても空振りばかり。出社してもやることがない。電気代を節約するためエアコンもつけられない。無い無い尽くしでふてくされ、ただ漫然と床に寝転がっていた。

実際、この頃は後に「泥まみれの日々」と回想するほど苦しい時代だった。ところがある日、突然一つのアイデアがひらめいた。

「こんな不況の中でも新聞に求人広告を出している会社がある。人を欲しがっているくらいだから仕事があるかもしれない」

実は、当時は新聞を購読するお金も惜しんでいた。そこで相模原からの通勤電車の棚に残された新聞を会社に持ち帰り、技術者を募集している会社の求人広告をはさみで切り抜いた。それを使い終わったカレンダーの裏面に貼り付け、片っ端から電話をかけていった。すると10社に2、3社が「話を聞くから一度来てくれ」と言ってくれた。そして10社を訪問すると1社くらいは受注することができた。

不思議なもので、受注が2件、3件取れるとどんどん元気が出てきた。技術者の求人広告を出している会社に電話をかけまくり、成約に結びつけ、売り上げは徐々に回復していった。

オイルショックは物価高を招き、トイレットペーパーを求めて殺到する人々の姿など、「狂乱物価」の記憶が生々しい。しかし高騰したのは物価だけではなかった。新卒者の初任給が急上昇して採用人数は大幅に減少した。インフレによる実質賃金の目減りを取り戻したい労組の賃上げ要求も強硬で、賃上げ率は30％を超えた。今ではとても考えられないようなことが現実に起きたのだ。

不況の中で私たちが活路を見いだせた背景には、人手不足や人件費の高騰など、労働市場の事情や変化もあったのだろう。

私は今も講演や講師を依頼されるとこの頃の苦労話をすることがある。人間はピンチに陥ると「火事場のばか力」が出るというが、この時の懸命な踏ん張りがなければ、現在のアルプス技研は存在しなかっただろう。私の場合は登山で鍛えた根性が役立った。

だから八方ふさがりで、もう駄目だと思っても、もう一度、歯を食いしばって頭を使い、知恵を出し、人に相談し、諦めないでほしい。現実を直視し、自分から逃げずに行動を起こせば難局は必ず乗り越えられると私は信じている。

だから、試練に直面した時こそ、この格言が生きてくる。

「何も打つ手がない時、一つだけ打つ手がある。それは勇気を持つことである」

人の善意に心から感謝

会社運営がオイルショックという大きなマイナス要因に直面した1974（昭和49）年、私は私生活でもかつてない苦境に陥っていた。

6月になってすぐ妻の利恵子が微熱を訴え、発熱や頭痛、嘔吐《おうと》が続いた。病院を受診するよう勧めたが、常備薬や市販薬でしのごうとするだけで、なかなか改善しない。見るに見かねて近くの病院へ連れて行ったが、診断がつかなかった。それならば、と北里大学病院（相模原市）を受診させると「腎盂《じんう》炎の疑いがある」と判断され、すぐに入院を勧められた。ところが妻の母が入信していたある宗教の教義のせいで強硬に入院に反対し、私と口論になった。私はこの時初めて妻が受診を渋った理由を知ったのである。

妻が発病し、私は幼い娘たちを抱えて途方に暮れた。長女・岳美（手前）と次女・由香＝1974年

入院が長引きそうだと思った私は、70（昭和45）年に生まれた長女・岳美、72（昭和47）年に生まれた次女・由香の面倒を見てもらうため、新潟の長兄に電話をかけ、その妻（私の義姉）の文江に来てもらった。私を母親代わりに育ててくれた人である。

幸い抗生物質や水分や栄養分を

補給する輸液の投与が効き、妻は6月24日に退院し、義姉は新潟に戻った。しかし7月に入ると妻が再び体調不良を訴えたため、北里大学病院に再入院すると、すぐに緊急手術が行われた。担当医師の説明によると、小腸に潰瘍ができて腸穿孔症を起こし、重度の汎発性腹膜炎を併発していた。

「手術は成功した」という医師の言葉通り、妻はしばらく小康状態を保ったが、その後も出血が止まらず、医師も首をひねるばかり。血小板や白血球が極度に少なく、新鮮血の輸血が必要になった。しかし妻はＡＢ型だった。Ｒｈ式はプラスだが、日本人の1割にも満たない。

「知り合いにＡＢ型の人がいたら献血に協力してもらってください」

私はすぐに電話に飛びつき、山仲間や友人、知人、取引先まで思い付く限り連絡し続けた。その日のうちに何人も来てくれたが、絶対数が足りない。駅前でチラシを配ろうと言い出す友人もいたが、別の友人がこう言い出した。

「それでは間に合わない。ラジオ局に頼んで、大勢の人に呼びかけてもらおう」。

当時、会社ではラジオを流しながら設計図を書いている時間帯があった。妙案だと思ったが、果たしてそんなことができるのか。半信半疑のまま、何となく記憶にあった番組を念頭に、ＴＢＳラジオに電話をかけてみた。

私の声は相当切迫していただろうと思う。傍らで聞いていた担当医が代わって事情を説明してくれたこともあり、こちらの状況をのみ込んだディレクターはすぐに放送を承知してくれた。それを確認した私は、経営者としてどうしても抜けられない仕事のため、後ろ髪を引かれる思いで病院を後にした。

「北里大学病院でＡＢ型・Ｒｈプラスの輸血を必要としている女性がいます」

そう呼びかける女性ディスクジョッキーの声を、私は運転しながらカーラジオで聞いた。

「誰でもいいから来てくれ」と祈るような気持ちだった。

山積していた仕事をようやく片付け、夜になって病院に戻った私は、ラジオの呼びかけを聞いた人たちが続々と駆けつけてくれたことを知った。相模川で釣りをしていた人、移動中の長距離ドライバー、埼玉の主婦など、たまたま放送を聴いた人が、次から次へ、何人も何人も……。

見ず知らずの他人のために、何のためらいもなく行動できる人が大勢いることに胸が熱くなった。人の善意をこんなにありがたく感じたのは初めてだった。

幼い娘２人を抱えて

１９７４（昭和49）年7月、妻の利恵子が原因不明の病気で北里大学病院に再入院した。私は幼い２人の娘を新潟・六日町の実家の義姉に預け、妻の病状を気にかけながら、昼は営業に駆け回り、夜は設計図を引いて働き続けた。治療費や入院費、子どもたちの今後を考えれば、人の何倍も働かねばならなかった。

その月末、長女・岳美の４歳の誕生日を祝うため、ケーキを買って六日町へ行ったが、母に会いたがる娘らにかける言葉が見つからなかった。

妻の病状は悪化の一途をたどり、意識の混濁も始まった。酸素テントの中の妻との面会時間は毎朝わずか5分だけ。8月2日、看護師に促されて帰ろうとする私に向かい、妻は必死に手を振った。言葉にならずとも、言いたいことはよく分かった。間もなく全身にむくみが生じ、高熱が続いた。喉に痰が詰まり、もう声も出せない。8月7日にはほとんど意識がなくなり、医師から病院で待機するように言われた。そして翌朝、妻は息を引き取った。まだ29歳だった。この間も連日、善意の輸血が寄せられたが、それも無に帰した——。

発病からわずか２カ月での急逝であった。

妻の母が信じる宗教のせいで、入院させる時期や治療開始が遅れたことは悔やんでも悔やみきれない。何を信じようとかまわないが、それは自分の問題である。たとえ親族であっても、第三者に強制してはならないと思った。それがやり場のない悲しみなのか、憤りなのか、私には区別がつかなかった。それにも増して、幼い娘たちを残して逝く妻の心残りはいかばかりだったか。なぜもっと前に病に気付いてやれなかったのか。次々と後悔が湧き上がってきた。

妻の闘病中から娘たちの面倒をみてくれた長兄夫婦（貞治と文江）＝1975年、新潟・六日町の実家

31歳の私、4歳の長女と2歳の次女が残された。私は葬儀のために呼び戻した娘たちをまた義姉に預け、特急の回数券を買って月に2回、六日町に通った。しかし、帰り際の別れのつらさは想像以上だった。「いつまでも義姉に甘えるわけに

はいかない」という私の意地もあり、とうとう自宅に連れ帰り、父娘3人で暮らすことにした。

しかし、保育所に預けても決まった時間に迎えに行けないし、ベビーシッターを頼むお金もない。幼児2人だけで家に残しておけず、毎日私が運転する車で会社に連れて行った。取引先にも子連れで出かけた。商談や打ち合わせの間は車の中に残したままで、途中、トイレや電話を口実に何度も様子を見に行った。エアコンは動いているか。水筒の飲み物はまだあるか。泣いていればあめ玉やクッキーを渡してなだめた。車内に置き去りにされた様子を見かねた駐車場の管理人に声をかけられたこともあった。

しかし、病院への支払いや、娘たちの今後のためにも働かなければならない。自分の身の回りのこと、育児、家事、不景気への対策などに追われた私は胃潰瘍を発症し、血尿も出て通院を余儀なくされた。これまで仕事一辺倒で家庭を顧みることなく、1人で山登りを楽しんでいたことへの天罰だと思われ、2人の娘と心中することまで考えた。

「このままでは父娘で共倒れになってしまう」

私はあれこれ考えて、もう一度六日町の義姉に預かってもらうことにした。そう覚悟を決め、一日も早く一緒に暮らせるように頑張ろうと思った。

ところで妻の直接の死因は肺水腫だったが、病院側が解剖を申し出ていた。物事を曖昧なままにしておけない性格の私も正確な死因が知りたくて了承した。

それからおよそ3カ月が過ぎた11月、北里大学病院でも過去に何例もない「悪性細網症」という珍しい血液の病気だったと告げられた。近年でも成人が発症した場合は診断・治療が難しい造血器疾患だった。

トラブル歓迎の境地

1974（昭和49）年、原因不明の病気で妻を亡くし、私の元には幼い2人の娘が残された。一時は父娘3人で暮らそうと試みたが、オイルショック後の不況の中、昼も夜もなくがむしゃらに働き続けた私は心身ともに追い詰められた。子育てと仕事の両立はとても無理だと悟った私は、やむなく妻の入院中と同じく、新潟の実家を頼ることにした。義姉たちは快く承諾してくれたが、私がそう決断するまでにはかなりの紆余《うよ》曲折があった。

一つは妻の死があまりに突然で、気持ちの整理がつかなかったこと。もう一つは娘たちと暮らすため、サラリーマンに戻ろうかという葛藤があったからだ。

さらにもう一つ、妻の入院・治療費が思っていたより高額だったことだ。ある程度覚悟はしていたが、まさか当時の年商に匹敵するほどの額になろうとは…。病院で請求額を聞いた私は思わず激高してしまった。

「妻は助からなかったのに、治療費なんて…」

とてもここには書けないような悪態をついた。

いつの間にか、目の前にいる病院関係者の姿が、私たちの設計ミスを理由に支払いを渋る、取引先の苛烈な担当者の姿に重なって見えた。

冷静に考えれば何もかもが言いがかりで、私は完全なクレーマーであった。私がわれを取り戻したのは担当医の一言だった。

「松井さん。医学がいかに進歩したといっても、医者に分かっていることは人間の体の1割もないのですよ」

彼は穏やかな口調でそう言って、静かに去っていった。私は妻の命と紙一枚の設計図を同列に論じていたことを深く恥じた。そもそも私はそれほど立派な夫であっただろうか。

かつて妻が爪に火をともすようにためていた出産費用を仕事の資金に流用してしまったのはこの私だ。忙しさを理由に子育てのほとんどを妻に任せ、たまに休みが取れても1人でさっさと登山に出かけてしまったのは私だ。山歩きやスキー、露天風呂を求める旅は国の内外に広がり、強行軍も全く苦にならなかった。

「男は仕事で勝負する」

「経営者として認められることが家族のためにもなる」

そんな身勝手な理由で、家族をないがしろにしてきた。それに対して病院関係者は妻を救おうと献身的に努力してくれた。赤の他人のために献血に駆けつけてくれた人々がいた。

妻が亡くなった翌年、娘たち（左が長女·岳美、右が次女・由香）と暮らすために新築した自宅の前で=1975年

わが身の愚かさに気付いた時、思い浮かんだのは娘たちの顔だった。私は幼くして母を亡くしたが、まさか自分の娘たちが同じ境遇になるなんて。なんと不条理なのだろう。

娘たちに心細い想いをさせないためにはどうすればよいか。一緒に過ごせる時間を増やすにはどうしたらよいか。あれこれ考えた末に会社の売却を試みたが、話はまとまらなかった。易き道を選ぶより、自ら困難な道を行くことに人生を賭けようと思い直したからだ。経営者として何の足跡も残さないまま、終わってしまいたくなかった。

公私ともに苦境に陥ったこの時期の経験が、私の大きな糧となった。そしてこれ以後、「ウエルカム・トラブル」という言葉が好きになった。

そう、逆境こそが経営者を強くするのである。

新たな家族を迎えて

私が再び2人の娘と一緒に暮らすため、身を粉にして働いていた1974（昭和49）年11月、田中首相が退陣を表明した。後継の三木首相は物価安定を最優先させる方針を継続し、オイルショックによる不況は75（昭和50）年3月期を境に回復に向かった。「トンネルの向こうに明かりが見えて来た」と言われた頃である。

一時は会社を手放すことも考えた私だが、「経営者たる私が希望を失わず、情熱を持ち続ける限り、必ず活路を見いだせる」と考えられるようになった。仕事への情熱がよみがえると体調も上向き、あらゆる角度から営業を試みた。

そんながむしゃらな姿勢が功を奏し、76（昭和51）年になると会社の業績は目に見えて好転していった。気持ちに余裕ができると、「ビジネスは人に感謝し、心から頭を下げることからスタートする」と考えられるようになった。

そんなふうに前向きになれたのは、新たな家庭を持てたことが大きい。千葉アイ子という女性と再婚したのである。彼女は、私が独立し、仕事がなくて苦境に陥っていた時に声をかけてくれた大同信号株式会社で働いていた。

当時は72（昭和47）年の札幌冬季オリンピック、73（昭和48）年の苗場アルペンスキー・ワールドカップなどの影響でスキーブームが起き、週末に夜行バスでスキー場に向かう若者が大勢いた。そんな時代だったから、大同信号では福利厚生の一環としてスキーバスを運行していた。取引先の私にも声がかかり、何度か同乗するうちにアイ子と知り合ったのである。

私がアイ子にひかれたのは、話しているうちに、お互いの生い立ちや境遇に似ているところがあると感じたからだ。

アイ子は岩手県北上市の出身で、両親は酪農を営んでいたが、58（昭和33）年の台風21号と22号（狩野川台風）で全てを失った。両親は川崎市へ働きに出て、姉、兄、アイ子の

家族で丹沢の仏果山へハイキング。左からアイ子、長女・岳美、次女・由香=1976年３月

３人きょうだいは実家近くの母方の叔母の家に預けられた。姉や兄が上京した後もアイ子は１人残り、高校を卒業するまで叔母の家で育てられた。どんなに近しい身内でも実の両親とはやはり違う。その寂しさが長兄夫婦に育てられた私にはよく分かった。

アイ子は高校を卒業と同時に上京し、手に職を付けようと考えた。そして３畳一間のアパートを探し、アルバイトをしながら、田中角栄が学んだことで知られる中央工学校（東京都北区）で製図を学んだ。その技術を生かし、大同信号では、設計技師が描いた製図の元図を正確に清書して、完全な図面に仕上げるトレーサーとして働いていた。CAD（コンピュータ支援設計）が普及した今でも、トレーサーを含むCADオペレーターは、企業にとって貴重な戦力である。

スキーを通じた顔見知りに過ぎなかった私の苦境を知ったアイ子のボランティア精神が、やがて私や幼い娘たちに向けられるようになり、私はアイ子との再婚を望むようになった。

しかし、10歳近く年上の、しかも子連れの男との結婚を両親は喜ばなかった。アイ子自身も悩んだはずだが、とうとう承諾してくれた。

こうして75（昭和50）年春、私は新潟の実家から娘2人を呼び戻してアイ子とともに新たな家庭を築き、77（昭和52）年には三女・千穂が加わった。

第三章　企業は人なり

経営理念を打ち出す

1976（昭和51）年、アルプス技研の業績が好転したきっかけは、個人用簡易無線（シチズンバンド＝CB）機器の筐体《きょうたい》設計だった。当時、職業運転手の情報交換手段としてCB無線が大流行し、連鎖的に上場企業の取引先も数多く開拓できた。それは第2次5カ年計画（73～78年）に掲げた「優良取引先の拡大と内部資本の充実」の実現でもあった。

私は「人材立社・技術立社を目指す方向性が正しい」ことを確信した。

77（昭和52）年秋には初めて社員の家族慰安会を開催し、釣りとバーベキューを楽しんだ。福利厚生面にも目を向けられるようになった。会社規程も作成し、われながら「会社らしくなった」と思い、自分を励ました。この年以後の10年間、年間売上高は平均25％ずつアップし、会社は大きな成長局面を迎えた。

個人事務所の設立から数えて10周年を迎える78（昭和53）年、私は日夜思いを巡らせていた。今後も発展、成長を遂げていくためには経営の方針や中身を包括し、計画的な経営を進める基本となる「経営理念」が必要だと考えるようになっていたからである。

経営理念とは、「この会社はわれわれがどんな思想に基づいて、何のために、どんなことをやり、将来はどのような会社にしようとしているのか」を明確にするものである。

夏休みの家族旅行で。左から私、長女・岳美、１人おいて妻・アイ子、三女・千穂、次女・由香＝1980年８月

そこで、これまでの体験の中から「人の心の大切さ」を熟慮し、「Ｈｅａｒｔ　ｔｏ　Ｈｅａｒｔ」を理念と定めた。74（昭和49）年夏から75（昭和50）年にかけ、わが社の歴史の中で最も苦しい経営を強いられていた時に経験した真実の友情や親切を、企業経営にも生かしたいと思ったからである。

人と人との心のつながりや心の触れ合いは相手への思いやりの心から生まれるものであり、真実（本物）には必ず厳しさがある。

自分に厳しければ厳しいほど、相手の将来を見つめた、甘えを許さない厳しい思いやりの心が生じる。真実の優しさ、本当の親切とは甘やかすことではない。厳しさと思いやりと勇気こそが人の心と心をつなぐ。そして「人の幸せ、人の成功を心から喜べる人間になろう」。これが人間社会で最も大切なことであり、指導者理念の基本でもある。それを集約したのが「Ｈｅａｒｔ　ｔｏ　Ｈｅａｒｔ」なのである。

5月には創業10周年記念の沖縄旅行を実施した。社員が20人を超えて手狭になったため、新たな社屋の建設も始めた。こう書くと順風満帆かと思われそうだが、そううまくはいかないのが世の常である。

当時の町田市内の社屋は73（昭和48）年に建てたものだったが、その土地の賃貸契約で問題が起きた。そもそも私は10年契約を希望していたが、貸主の意向で5年契約になったという事情があった。それでも「期限が来たら延長すればよい」と軽く考えていたが、契約締結から4年半後、唐突に契約解除の通知が届いた。

確かに契約書には、「賃貸人が土地の返還を要求した場合、賃借人はいかなる理由があろうとも本件土地を即時返却するものとする」という特記条項が入れられていた。貸主の真意は分からなかったが、契約した時の仲介者とはすでに疎遠になっていた。そこで、知人に紹介された弁護士に相談し、こちらの主張をまとめて内容証明郵便を送ると貸主は態度を硬化させ、こともあろうに私とアルプス技研を横浜地裁に訴えたのである。

こうして私は民事裁判の「被告」にされてしまった。

もちろん、裁判なんて初めての経験であり、裁判所に足を踏み入れるのも初めてだ。大変なことになったと思う一方、何事も経験してみたいという好奇心も湧いてきた。

裁判では特記事項の有効性、５年という契約期間の妥当性などが争われたが、次第に感情的なもつれが高じ、どちらも意地の張り合いとなった。そして告訴されてから2年以上かけてようやく出た一審判決は、予想外の「敗訴」だった。納得できない私は上告し、さらに不毛な法廷闘争が続いた。泥沼化した末に、担当の裁判官から和解を勧められた。

「あなたは10年借りたいと主張されていますが、年が明ければ足かけ8年目です。もう、そろそろよいのではありませんか。新しい社屋も完成したのでしょう」

目が覚める思いだった。ある日突然、被告にされて裁判が始まり、それからは勝訴することばかりを考えてきた。自分なりの正義を貫くためであった。しかし、冷静に振り返ると、契約解除通知が届いた時に、貸主と腹を割って話せばよかったのではないか。

「あと1年、いや、せめて半年待ってもらえませんか」

そうすれば先方も、告訴などしなかったのではないだろうか。ちょっとしたボタンの掛け違えから問題を大きくしてしまった。

裁判に費やした3年数カ月の空しさと、後味の悪さだけが残った。

新社屋で成長を期す

1979(昭和54)年4月、アルプス技研は相模原市共和(現・中央区)に新築した3階建て社屋に移転した。土地の取得費と建設費は年商に匹敵する額となり、金融機関からの借り入れは難航した。ようやく交渉に応じた銀行も、「工場の新設ならともかく、社屋を新しくしても生産力がアップするわけでもない。それなのになぜ投資するのか」と何度も訊いてきた。当時の銀行の担当者は、そこで働く技術者の環境や精神面の充足が業績を左右するということにまで考えが及ばなかったのだろう。企業として成長している自負はあったが、信用度の低さを思い知らされた。それでも真新しいビルで気分一新、「組織化の推進と技術レベルのアップ」を掲げた第3次5カ年計画(78~83年)を推進した。

私はその目標を達成するため、経営セミナーや企業視察などに参加する機会を増やし、社内では技術セミナーや管理者研修などの社員教育を開始した。時を同じくして私自身の経営思想も、これまでの物質面の追求から精神性重視へと変化していった。

79年には初めて年商1億円を超え、当初100万円だった資本金を1000万円に増資したのは、80（昭和55）年のことである。遠方からの取引依頼も舞い込むようになり、ビジネスの規模が拡大している実感があった。

1979年、相模原市共和に誕生した新社屋（アルプスビル）。本社が橋本に移転した後は、長らく技術研修センターとして活用された

完全週休2日制を導入したのも79（昭和54）年のことである。国家公務員に実施されたのが92（平成4）年だから、世間一般よりかなり早かった。これは自慢してもよいと思う。

さらに設計技術者として、女性を採用することにも力を入れるようになった。当時、女性の花形職業は何かと問われれば、スチュワーデスとかファッションデザイナーと答える人が多かったと思う。しかし私は、設計会社は隠れた「花形職場」だと考えていた。

例えば80年当時の社の記録をひもとくと、社員は44人。そのうち17人の女性が設計業務に携わっていた。しかもその3分の2は既婚者で、通信教育や学校で学んで入社してくる人も多かった。まずはトレーサー（製図清書者）として仕事を覚えてもらったが、その内の4人は高度な部品図も描けた。会社として勤務時間に配慮する必要はあったが、熱意のある女性が多く、「技術レベルのアップ」につながった。

一方、「組織化の推進」を図るため、81（昭和56）年3月に有限会社から改組し、「株式会社アルプス技研」となった。

社員はこの1年で急増し、すぐに70人を超えた。それだけ求人活動を積極的に行っていたわけだが、ある日、「以前、町田にあったアルプス技研で面接を受けたことがある」という人物が採用面接にやって来た。詳しく事情を聞いてみた。

「求人広告を見て会社を訪ねましたが、あの建物ではちょっと…。同じ名前の会社なのは気になっていましたが、このビルでなら働きたいと思います」

言われてみれば、それは採用される側の正直な気持ちなのだろう。優れた人材に「働きたい」と思ってもらえるような職場環境を用意するのも、経営の上では大事なことである。

同年7月、社員相互のコミュニケーションを図ることを目的として、社内報『ＡＬＰＳ』を創刊した。Ｂ４の紙1枚のモノクロ両面印刷で、今見ると懐かしい。その後、7号からは冊子形式になり、95（平成7）年からは『^{2}ＨＥＡＲＴ』として発行が続けられている。

社外で見聞を広げる

会社の業績が好転し始めた30歳代前半は、会社の基礎固めで手いっぱいだったが、その後の会社の展開を考え、日本青年会議所（ＪＣ）傘下の相模原青年会議所に入会した。自己研鑽、相互啓発、情報の収集などに役立つと思ったからである。

そうやって徐々に社外での活動の場を広げていた１９８２（昭和57）年6月、アルプス技研が所属していた日本機械設計工業会（日機設）が、全国的な業界団体への脱皮を目指し、全日本機械設計工業会（全機設）東京支部に改組された。私は全機設の企画部会副部会長を引き受け、その後、東京支部長、副会長などを務めた。

当時の課題は人手不足への対応と職業訓練の充実、それと「業種の確立」だった。というのも当時の産業分類では、機械設計は「他に分類されるその他の専門サービス業」とされ、独自の専門分野として認められていなかった。

相模原市青年工業経営研究会の会長の任期は1年。退任式で胴上げされる
＝1982年3月

私は早速、通産省（当時）などとかけ合った。その結果というわけではないだろうが、84（昭和59）年に「学術研究、専門、技術サービス業」（大分類）として分類番号「L—8962番」（現在はL—7431）を取得することができた。

その頃、各地に林立していた機械設計業者団体は通産省からの一本化要請を受け、全機設と日本機械設計振興協会に集約されつつあった。そして両者は84（昭和59）年に統合し、社団法人（現・一般社団法人）日本機械設計工業会（JMDIA）となった。しかし、その後の業界と業態の変化もあり、現在のアルプス技研は、プロのエンジニアの派遣・請負などを通じて設計開発技術を提供する一般社団法人ＮＥＯＡに加盟している。

一方、アルプス技研を株式会社に改組した81（昭和56）年、私は相模原商工会議所に入会した。横のつながりによる情報交換や経営者として同じ悩みを共有できると考えたからである。当時は相模原市の人口が急増していた時期で、企業数の増加に伴い、「青年経営者」と呼ばれる若手の経営者も増えていた。私もその１人ということになる。

私は商議所工業部会の下部組織として80（昭和55）年に設立された「相模原市青年工業経営研究会」にも参加した。商工会議所に入ったばかりの38歳だったが、２代目会長を務めることになった。この会は名前が示す通り、市内の工業関係の若手経営者の集まり（当時の相模原市は津久井郡４町と合併する前）で、私は「実践・技術・交流」を合言葉に委員会主導型の運営を取り入れ、会内外での交流促進を図った。

この研究会で記憶に残るのは、シンガポール国際見本市の見学を兼ねた技術視察を主催し、団長として参加したことだ。神奈川県産業貿易振興協会の後援と相模原市の協力を得て実現したものであった。

当時のシンガポールは主権国家として独立してからわずか十数年ながら、急激な経済成長を遂げた都市国家で、住工分離の市街地、複数工場が併存する機能性の高さ、日本企業の進出への期待の大きさを肌で感じた。

米国を再発見した旅

1980年代に入ると私の関心は、「国際化への対応と人材開発」に向かった。地域の中小企業といえども、国際化への対応を真剣に考えなければいけない時代が到来していた。82(昭和57)年4月、私は日刊工業新聞社が派遣した「対米進出日本企業と関連企業視察研修団」に参加した。ニューヨーク、アトランタ、ヒューストン、ダラス、サンディエゴ、ラスベガス、ロサンゼルス、サンフランシスコの8都市を巡る13日間の旅だった。訪問先は日本の進出企業と米国企業、米航空宇宙局(NASA)など、多岐にわたり、各州の日本貿易振興会(現・独立行政法人日本貿易振興機構=JETRO)の駐在員、州政府関係者らとも懇談した。

実は出発前の私はこう考えていた。

「世界の様子が刻々と伝わる時代だ。米国について特別に知ることも今更ないだろう」

しかしそんな先入観は一変した。米国は全てにおいて、広く、大きく、多種多様だった。移動は飛行機が基本で、東西に長い本土には四つの標準時間帯があり、気候風土も人間性

米国視察団に加わりNASAを訪問。スペースシャトルの模型の前で＝1982年４月

も地域差が大きく、州法もそれぞれ異なる。私は「多様性から生まれた統一こそが合衆国・米国のユニークな個性なのだろう」と感じた。

そして「日本の中小企業が海外に進出する場合、重要なことは何か」と考えた。それは、日本とは異質な社会で生活している人々を雇用するための総合的な経営能力だ。そして大企業のような余力を持っていない中小企業に失敗は許されない。確固たる意志と周到な事前調査は必須であり、失敗すれば本社の屋台骨を揺るがす結果になりかねない。

そのためには、海外進出する理由を明確にし、自社に適した営業拠点や地域を選ぶこと。また、他社買収か、自社屋建設か、借社屋かの選択も重要になるだろう。この視察時には対米進出している企業の約65%が自社屋を使用していたが、規模や業務内容によって何が最適かは変わってくる。

また、現地における管理者は、日本人と現地の人とを1人ずつ選出して進出準備段階から着手させ、日本国内で十分な研修を行う必要があると思った。実際、訪問企業の代表者は、「米国人責任者の採用が成否を左右する」と異口同音に語っていた。

それに「郷に入りては郷に従え」という言葉があるように、その地の良き住民となり、地元とともに繁栄する意識も大切だ。その上で、「本社」「現地事業所」「現場」の三者一体のコミュニケーションが成功の鍵を握ることになる。

当時は米国の対日貿易が恒常的に赤字となり、日米貿易摩擦が起きていた。日本の進出企業が現地社会に貢献することが解決への一歩になると感じた。

この旅で見たこと、感じたこと、学んだことの全てが私の対外的な考えを一歩前進させてくれた。まさに米国を再発見した旅となった。この時の知見を参考とし、アルプス技研がアジアにグループ会社を置くのは80年代後半になってからのことだ。

成長を続け創業15周年

私自身が社外の活動に参加するようになったのを機に、社員を「青年の船」に乗せたり、海外視察に同伴させたり、海外研修に送り出したりするようになった。「ただ話を聞くよりも、実際に自分の目で見て体験した方が、実になり、糧になる」からである。そのため

アルプス技研創業15周年記念であいさつ
＝1983年７月

当時、神奈川県が主催し、横浜銀行中小企業従業員福祉事業基金が協賛していた「神奈川県中小企業青年技能者海外派遣団」などの制度も積極的に活用した。

１９８２（昭和57）年4月には、５カ年計画の一環として準備を進めてきたアルプス技研営業所

を岩手県一関市にオープンした。業容の拡大に伴い、事業拠点分散化のためのテストケースで、初めての本社以外の組織となった。

一関市を選んだのは、当時の取引先で、一ノ関駅に隣接する東北日本電気株式会社の支援が得られたから。さらに同年6月には東北新幹線が開業する予定で、岩手県内で整備が進む複数の工業団地に進出する大手企業の需要が見込まれたからだ。この営業所の成功が84（昭和59）年の、福島県郡山市の東北事業所の開設につながった。

「人材こそが会社の財産」という観点から、それまでも社員教育には力を入れてきた。技術研究会を毎月開き、社員が順番で研究内容を発表したり、外部から講師を呼んで専門知識を学んだり、多様な学びの場の提供に努めた。

専門資格の取得にも力を入れ、職業訓練指導員、設計やトレースなど、各種技能検定試験に挑戦する者も増えた。しかし真の意味での人材開発は「精神（心）」と「実務」の両面教育を並行して行うべきだと私は考えるようになった。

その手始めに相模原市の施設を借りて、82（昭和57）年9月4日と11日、10月9日の3日間をかけ、全社員が出席する第1回社員研修セミナーを開催した。テーマは「自分の会社を知ろう」である。講師は私やリーダークラスが務め、「企業とは何か」「法人とは何か」

から始め、会社の基本理念、基本方針、将来の展望に及んだ。

この頃、野球好きの社員の呼びかけで社内にまず野球同好会ができた。それが野球部となり、続いてテニス部、山の会、スキー部などが誕生した。山の会の登山やハイキングに私が参加することもあった。

そして社員数が100人を超えた83（昭和58）年、アルプス技研は創業15周年を迎えた。大手の取引先は40社、年商は5億円に達し、社員の共済会も結成されて、名実ともに設計会社らしくなってきた。

私は第4次5カ年計画（83～88年）で「国際化への対応と人材開発」を掲げ、15周年を機に、国際環境の変化に即応できる体制作りと社員教育の体系化を図ることにした。

業務面では機械設計部、機構設計部、電気設計部、業務部、東北事業所の5部門による独立採算制を取り入れた。社員の自主性を尊重し、社長の直接指示指導型から間接指示指導型に切り替えることは、第3次5カ年計画の「組織化の推進」の達成でもあった。

地獄の特訓と出合う

企業の稼ぐ力を判断する時、最も分かりやすい指標は売上から売上原価または製造原価を差し引いた後の「粗利」だろう。そして売上原価や製造原価の多くを占めるのが人件費である。

モノづくり企業なら設備投資をすれば生産性が上がり、粗利が増える可能性が高い。その理屈をアルプス技研に当てはめれば、設備投資に相当するのは人材育成費、教育費である。そのため、私は社員一人一人の成長が企業成長の原動力になると考え、創業以来、一貫して人材開発に重きを置いてきた。

気になったセミナーには私自身が参加し、良いと思えば社員を送り込んだ。社内でできる研修は限られ、足りない部分を外部に頼るのは当然の選択だった。

1980年代に入ってからのことだが、創業メンバーの江藤が日本経済新聞を持って来て、広告欄を広げて見せた。

「社長、これを受けてみたいんですが…」

それは当時注目を集めていた合宿型のセミナー、通称「地獄の特訓」だった。私も気になっていた教育講座の一つだったので、即座に「よし、行ってこい」と送り出した。

正確には「株式会社社員教育研究所」が運営する管理者養成学校による「管理者養成基礎コース」という名称だったと思うが、その厳しさ、過酷さはよく知られていた。江藤は

人材育成・社員教育の必要性を感じて、その手始めに開催した1982年９月の第１回社員研修セミナー。私はアルプス技研の経営理念を説明した

真面目だが押しが弱く、私は常々「やる気があるのか」と文句を言っていた。それで自分を鼓舞するつもりになったのか、自ら受講を申し出たのである。

効果はてきめんだった。受講を終えた江藤は丸まっていた背筋がピンと伸び、指示を出す声にも張りがある。まるで別人で、私もその豹変《ひょうへん》ぶりに驚いた。江藤を変えた「地獄の特訓」とはいかなるものか。私も並々ならぬ興味が湧いてきた。そこで83（昭和58）年９月、「地獄の特訓」を考案した財部《たからべ》さんに面会し、いろいろ話を伺った。

財部さんは米軍の新兵教育（ブートキャンプ）を参考に、ビジネスマンとしての基本教育のノウハウを研究してカリキュラムを組み上げたという。といっても財部さん自身は非常にナイーブで、軍隊的な厳しさは少しも感じさせない。当初は東京・代々木の教室への通学制だったが、何カ月も続けるのは難しいことから、13日間の合宿訓練「極限の訓練」を創設した。それがいつの間にか「地獄の特訓」と呼ばれるようになっていたのだ。

私はさらに興味をそそられ、財部さんに経営者や管理者の意識改革を促す新たなコースの設定を進言した。

「社長とはいかにあるべきか、管理者はどうあるべきか」。

それはとても難しいテーマであり、人間性があらわになることも多い。だとしたら、「地獄の特訓」に社員を送り込む社長や管理者にもその機会を与えるべきだと熱く語った。

経営者は己の経営理念を追求し続け、企業の営利問題以外の社会性、人間性についても常に考え続け、完璧を目標としたい。しかし、人間のやることに完璧はない。それはそれで良いと思うが、小さな無駄や失敗が当たり前になってくると軌道修正は難しくなる。当時の私は、己のあしき欲望を捨てて自己に挑戦しなくてはならない、そして「社長」という名にあぐらをかいている精神に活を入れる必要がある——と感じていた。

克己心を養いたかったのである。

人材育成に新たな展開

私が「地獄の特訓」を実施している管理者養成学校に関心を抱いたのは、過酷、苛烈と噂されていた内容のみならず、特段の設備も持たずに講師という名の人材資本、頭脳資源だけで管理者教育を行うノウハウを「経営者として学びたい」と思ったからだ。すると創設者の財部さんと元橋校長は、「経営者や管理者こそ受講すべきだ」という私の提案を聞き入れ、「特設社長コース」のカリキュラムを設定してくれた。

こうして1983（昭和58）年の冬、私は静岡県富士宮市にある合宿所に行き、7泊8日の「地獄の特訓」に参加した。最優先の目的は、克己心を磨くためである。それに社員を研修に出すからには社長自身が進んで自己啓発に励み、自ら率先垂範すること、つまり後ろ姿で示すことが社内教育を成功させる鍵だと考えていた。

第1回「特設社長コース」の参加者は、私を含めて7人だった。そのうちの1人がドトールコーヒーの創業者・鳥羽さんで、同社は93（平成5）年に株式を店頭登録（現在は東証プライム）している。わずか7人の一期生の中から後に3社が上場したのだから、財部さんも鼻高々だった。

「地獄の特訓」の紹介や報道では、昼夜歩き続ける大行進や、国鉄・身延線の富士宮駅

「地獄の特訓」のノウハウを取り入れた1980年代のアルプス技研社員教育。現在の研修は、時代の流れに即してソフトな形に進化している

前で大声で歌う様子が取り上げられることが多いが、私たち経営者は別メニューだった。例えば「前の人と20メートルの間隔を保って散歩するように」という指示が出された。しかも先導する講師が急に角を曲がり、歩く速さを変えたりする。見通しの良い場所ならともかく市街地なので、曲がった先に前の人はもう見えず、どっちに行ったかも分からない。

「こんなことをして、いったい何の役に立つというのだろう」

訳が分からず疑心暗鬼になったが、組織運営をスムーズに進めるためだと後になって納得した。どの訓練にも明確な目的があり、考えるヒントがあった。

「地獄の特訓」には賛否両論あり、運営方法が批判されることもあったし、あんな研修はナンセンスだと思っている人も多かった。しかし、自分で体験していないことをあれこれ批判し、判断するとは――。私にはその方が不思議に思えた。

実際に体験した私は手応えを感じ、社内の人材育成に「地獄の特訓」の発想を取り入れることにした。

私はこれより前から「精神（心）」と「実務」の教育を並行して行うべきだと考えていた。そこで自身の実体験を踏まえ、「精神」の教育として84（昭和59）年の春から富士宮市の管理者養成学校で行われる訓練に参加させ、「実務」の教育は日本能率協会の協力で習熟度に応じたコースを設定し、社内で受講する体制を整えていった。

管理者養成学校には多様なコースがあり、新入社員には「新兵訓練」（8日間）、女子社員には「女子戦力化訓練」（8日間）、管理職には「地獄の訓練」（13日間）を受講させた。社内報に掲載された体験記を読む限り、おおむね前向きに捉えられていたようだ。

ところで私の提言から生まれた「特設社長コース」だったが、私は財部さんに改めてこう進言した。

「ただでさえ忙しい中小企業の社長が1週間も不在では業務に障りが出る。もう少し短くした方がよい」

その後、2泊3日に短縮された形となり、現在も続いているらしい。

三世代同居が可能な家

私が1968（昭和43）年に開いた松井設計事務所は職住一体の個人事務所で、わずか2間の借家だった。その後、法人化を機に倉庫を半分借りて社屋事務所とし、創業5年目、73（昭和48）年に町田市の借地に社屋を建てた。

一方、私の住まいはどうだったかというと、初めて自分の家を持ったのは75（昭和50）年の春である。アイ子と再婚するにあたり、新妻とその両親に納得してもらえる新居が必要だったのだ。その春から幼稚園に通う長女のためにも、あまり遠くに引っ越したくはない。できれば近くで探したかった。

するとそれまで住んでいた相武台（現・相模原市南区）の借家のすぐそばで、一般にツーバイフォーと呼ばれる木造枠組壁工法の建築条件付き分譲地をハウスメーカーが売り出していた。

「今の家から近いし、ここがいいなあ」

苗場スキー場近くにマンションを購入できるようになり、家族で過ごすのが楽しみだった。左から三女・千穂、妻・アイ子、長女・岳美、次女・由香＝1983年

そう思ったが先立つものがない。新潟・六日町の長兄に頼んで彼の退職金の一部を借り、妻の両親にも借り、友人にも借りた。住宅ローンも組んで、自己資金は1割ほどだった。

幸い、翌年の春ごろから受注は上向いていた。まだ社員数は少なく、さばききれないほどの仕事があった。私は帰宅後も設計図を書いた。かつて、小田急線相武台前駅の改札前に貼った手書きポスターに応募してきた技術者たちも、優秀なアルバイトとして手伝ってくれた。そしてアイ子が実に良い仕事をしてくれた。そもそも大同信号でトレーサー（製図清書者）として働いていたのだからトレースはお手のもの。私は家で2人分、いやそれ以上の仕事量をこなせるようになった。そのため、自分の給料を多少上げても経営が成り立ち、そのおかげで住宅資金の借り入れはどんどん減っていった。

返金するたびに、長兄や義父から真顔でこう心配された。

「利夫、何か悪いことをやっているのではないだろうな」

そんな中でアルプス技研は78（昭和53）年7月に創業10周年を迎え、翌年、相模原市共和（現・中央区）にアルプスビルを建てた。会社の成長ぶりは社員数の急増に表れていた。

さて、私は再婚した時にある決心をしていた。結婚を認めてくれたアイ子の両親への感謝の思いから、将来は自分たち夫婦で面倒を見ようと思ったのだ。事業が軌道に乗り、それを実現する時が来たと思った。そこで新たに土地を探し、アイ子の両親と私たち夫婦、3人の娘の3世代が同居できる家を建てることにした。

しばらく探すうちに、相模原市相生（現・中央区）に適当な土地が見つかった。最寄り駅はJR淵野辺駅で、それまで住んでいた座間との市境より、相模原市の中心部に近くなる。

こうして83（昭和58）年10月、待望の新居が完成した。結果的にアイ子の両親が相生の家で暮らすことはなく、3世代同居は実現しなかったが、家に戻ると男1人に女4人。何かにつけて1対4で劣勢となるが、それが私には幸せだった。

苗場スキー場近くにマンションを買ったのもこの頃だ。冬は家族そろってスキーを楽しみ、夏は休みの取れない私を除き、女4人で夏休みを楽しんでいた。

新社屋建設と初の子会社設立

アルプス技研の社員数が100人を超えたのは創業15周年を祝った1983（昭和58）年で、それからは加速度的に増え続けた。そのため、相模原市共和（現・中央区）に建てたアルプスビルはすぐに手狭になってしまった。

そこで新たな自社ビルの建設計画にとりかかった。場所は相模原市西橋本1丁目（現・緑区）で、向かいは金属工業団地という工業地域である。3階建てで、2階と3階に多目的ホールを設け、それぞれの南側に各100平方メートルの電気設計室と会議室、200平方メートルの機械設計室を配した。また、1階北側にはメカトロニクス関係の研究開発試作型工場を併設することにした。延べ床面積はこれまでの5倍以上となる計画である。

相模原市西橋本１丁目（現・緑区）に完成した新しい本社ビル＝1985年

ところが完成までに一頓挫あった。建物の設計図面が完成した後で近隣の住民から反対運動が起こったのだ。

日照時間の減少、プライバシーの侵害、騒音・振動・ばい煙などの懸念があるということで、一時は市の建築確認申請の手続きがストップする事態となった。そこで84（昭和59）年の暮れ、私自身が住民説明会の先頭に立ち、不安や懸念を払拭する機会を設けることにした。

「工業地域なので日照条件の規制はないが、近隣の日照に配慮して設計している」

「社屋の北側と西側を規定以上に広く空けている」

「わが社は設計専門会社で、工場は研究

開発の試作を行うだけなので騒音・振動・ばい煙の心配はない」

丁寧に説明したおかげで住民の理解を得ることができ、市の確認済証も交付されたが、会社のトップが説明会に出て行かなければならない状況に、組織力の弱さを痛感した。

新社屋は85（昭和60）年の年明けに着工し、7月27日に落成式を行った。その完成記念と国際化への対応を進めるため、社員150人全員でのグアム旅行を実施した。

同年、信州事業所（長野県塩尻市）と子会社第1号となる株式会社ハーテックを設立し、旧本社のアルプスビルには「技術研修センター」をオープンさせた。いずれも創業15周年に発表した「第1次長期事業基本計画」に沿ったもので、その骨子は「高度技術者集団化」「研究開発・知的サービス型新規事業の展開」「事業拠点の分散化」であった。

物質的要求が満たされた人間が次に求めるのは「知的、精神的欲求」であり、次世代の産業の中心は、無限性と多様性を持つ人間の精神的欲求を充足させるものとなる。ハーテックの社名はハートとテクノロジーからの造語で、複合技術と専門技術を駆使して次世代の産業を担う創造的な技術者を養成する場にしたい。私がそう考えた通り、開設後は機械設備の自動化、管理システムの制御機器、医療機器など、多様な先端分野から引き合いが相次いだ。

物欲充足の時代は、大企業中心、都市集中型の社会であった。精神欲充足の時代はその無限性と多様性に対応するため小企業優位となり、地方においても中小企業の時代となる。振り返ると、私のそうした考え方は、この時代に核となる部分が出来上がったように思う。

本格的に技術者を養成

1985（昭和60）年、相模原市西橋本1丁目（現・緑区）に新社屋を建てた時、旧本社は社員教育のための技術研修センターにすると決めていた。背景には「人材をどうすれば確保できるか」という問題と、人探しや人集めばかり考えていたかつての自分への反省があった。

また、70年代後半から「人なくして事業育たず、事業なくして人育たず」との思いで社員教育に取り組んだが、社員が150人を超えても、何かあれば私が陣頭に立たねばならない。そんな組織の在り方を変えなければ、企業として次の成長は望めないと感じていた。

しかも技術者不足は、業界共通の悩みであった。トヨタが設立した豊田工業大学は別格としても、大手企業が相次いで「ハイテク時代に対応する高度技術者の養成」を目指す職業訓練校の開設に乗り出していた。

アルプス技研の教育部門から発展した株式会社技術研修センター。機械設計科の研修風景=1986年

そんな状況で、中小企業が優秀な人材を採用することは難しい。相模原市内も事情は同じで、行政に技術者養成機関の設置を訴えてきたが、実現の望みは薄かった。愚痴をこぼしていても仕方がない。「自らの手でやらざるを得ない」というのが現実だった。

そこで85（昭和60）年10月、午前コースと夜間コース、合わせて約20人を対象にアルプス技研の教育部門として「技術研修センター」の授業をスタートさせた。受講者は、社員と他企業から派遣された人たちであった。

これが深刻な技術者不足への対応策として各方面から注目を集め、商工会議所ニュース、日本経済新聞、日刊工業新聞などに掲載され、「ベンチャー企業らしい意欲的な試み」と高く評価された。

相模原市青年工業経営研究会などから推薦状をもらえたこともあり、他企業からの受け入れは有料だったが、年明けには受講生が倍増した。個人での申し込みもあったので有料コースを新設し、4月からは資本金2000万円の子会社「株式会社技術研修センター」（現・株式会社アルプスビジネスサービス）として独立させた。「即戦力を持った技術者の育成を主眼に、人格形成のための人間教育にも力点を置いている」教育システムが評価されたのだと思う。

研修コースは6カ月または1年とし、全日制だけでなく夜間部も設置した。すでに働いている人にも学びの場を提供したかったからだ。研修科目は機械設計、電子制御、ソフトウエア開発、トレース、コンピューター利用設計システム（CAD）オペレーターなど、電気や機械の設計関連業務全般にわたった。

そして87（昭和62）年からは相模原市中小企業共済会（当時）の助成制度の指定を受け、夜間部に通う勤労研修生に5万円が助成されるようになった。

そう言えば同じ時期、「社業マニュアル」を作成している会社として注目されたことがある。増え続ける社員に仕事の内容や手順を理解してもらうために作ったのだが、大・中・小分類に階層化していったら、小分類で約１００項目にもなった。長期間にわたって積み上げた膨大なデータがたった３枚のフロッピーディスクに収められ、６桁の数字で検索できるというユニークさが注目された要因だった。

労働者派遣法が施行

男女雇用機会均等法が施行された１９８６（昭和61）年は「均等法元年」と呼ばれるが、実は労働者派遣法が施行された「人材派遣業元年」でもある。

行政管理庁（後に総務庁＝現・総務省＝に吸収）が78（昭和53）年に「民営職業紹介事業等の指導監督に関する行政監査結果に基づく勧告」を出してから7年後の85（昭和60）年、労働者派遣法はようやく成立し、人材派遣業が晴れて市民権を得た。

とはいえ、この法案で認められた派遣労働者は一部業種に限定されていた。ソフトウエア開発、事務用機器操作、通訳・翻訳・速記などの13種のみで、機械設計は適用外だった。それが86（昭和61）年7月に同法が施行された直後、10月に３業種が追加されることになり、その中に機械設計があった。まさに滑り込みセーフという感じだった。

世の中には社会が求めているにもかかわらず、規制のためにできないことがたくさんある。労働者派遣事業もその一つで、それまでは職業安定法の「労働者供給事業」を禁じる規定とのせめぎ合いだった。

私は刑務所の塀の上を歩いているようなもので、一歩間違えばその内側に落ちないとも限らなかった。労働市場が大きく変わっている中で「ようやく法律が追いついた」と感じた。

待望の労働者派遣法の施行だったが、その後、何度も改正が繰り返され、そのたびに業界は対応を迫られた。しかもその影響はアルプス技研のような派遣事業者のみならず、派遣労働者、派遣先企業にも及ぶ。それだけ働き方が多様化し、法的な整備とのいたちごっこになっている。

いずれにしても労働者派遣法が施行されたのを機に、まるで雨後のタケノコのように人材派遣会社が誕生した。その影響もあって求人難に悩まされたが、86（昭和61）年4月に子会社化した技術研修センターの卒業生を30人ほど採用し、成長を続けることができた。

同年、埼玉県深谷市に北関東事業所を開設した。翌87（昭和62）年には東北事業所を分

初の海外子会社「アルテック台湾」のオープニングセレモニーで。右から３人目が私＝1988年３月26日

社化して株式会社アルテック東北を設立し、事業拠点の分散化計画をさらに進めた。この方針は88（昭和63）年も継続し、北関東事業所と信州事業所を分社化して、前者を株式会社アルテック、後者を株式会社アルテック信州と改めた。初の海外子会社となる「アルテック台湾」を設立したのも同じ年である。

第５次５カ年計画として「組織再構築・独自技術の確立」（88～93年）を定めたのは、グループ社員が３００人を超えたことも一因だ。人材募集のために頻繁に利用していた求人雑誌で「1年間で社員が倍増した会社」として注目され、労働省（当時）から声がかかった。88（昭和63）年11月に、東京の中野サンプラザで開かれる「全国職業能力開発促進大会」（中央職業能力開発協会主催・労働省後援）で講師を務めろというのである。

大会は1日目が全体会、2日目が分科会で、私は「技術革新―新しい研究・技術開発と人材開発」をテーマとした第一分科会に参加、「人が未来―独創技術を育てる人と組織」について話したが、集まった聴衆の多さに驚かされた。生産過程の革新から素材の革新へ、さらに新たな技術を生み出す原理そのものの革新に挑み続ける産業界において、高度な技術や多様な能力の発揮を促す人材育成への関心の高さを痛感する経験となった。

第四章　公の企業を目指す

「公」の企業を目指す

私がアルプス技研の株式公開を決意したのは１９８０年代半ばのことである。社業の発展に伴い、「会社とは」「経営者とは」「組織とは」といった経営上の悩みに直面していた頃だ。当時の私は「企業は経営者の器以上に大きくならない」という先人の言葉を肝に銘じつつ、「会社は社会の公器である」という認識を深くしていた。

私企業から脱却して「公」の企業にしていくべきではないか。それは人であれ、他の動物であれ、成長した子どもが親離れするのと同じく、「自然の摂理」のように思えた。この「自然の摂理」こそ、私が重視する基本の「基」である。私は熟慮を重ね、企業の将来を多面的に検討し、株式の公開を決意した。

経営者仲間の数人が既に株式公開を達成していたし、準備中の者もいた。実務を知る会計士の友人の言葉にも背中を押された。

「株式を公開すると会社が大きく変わる。公開している企業は何かが違う」

さらに１９８６(昭和61)年に労働者派遣法が施行され、技術者の人材派遣事業や技術請負が社会的に認知されたことも大きい。このタイミングでアルプス技研が株式公開を実現することは、人材派遣業界がさらに発展していく一助にもなると思われた。

創業20周年式典を相模原市民会館で開催＝1988年７月１日

そこで88（昭和63）年春、社員に株式公開の計画を発表した。ちょうど創業20周年にあたり、私は45歳、第５次５カ年計画をスタートさせる年でもあった。グループ共通のＣＩ（コーポレート・アイデンティティー）として、経営理念である「Ｈｅａｒｔ　ｔｏ　Ｈｅａｒｔ」を表す「心」の字を抽象化したデザインのロゴマークも制定した。そして平成の時代が幕を開けた89年早々、株式公開を「中堅企業への道」と位置づけてプロジェクトチームを発足させ、全社を挙げて動き出した。

私をはじめ、プロジェクトリーダーや役員は株式公開の参考書を読みあさり、既に公開を果たした企業の社長や担当者を訪ねて体験談を聞き、株式公開セミナーに繰り返し足を運んだ。その一方、社内でも内部組織や各種規程の見直し、社員持株会の開設、資本政策などの研究を始めた。その結果、子会社として設立した「ハーテック」「アルテック」「アルテック東北」「アルテック信州」の本社への合併も同年に行った。事業拠点の分散化を進めてきたこれまでの方針を大転換したのである。

そんな手探りの日々の中、いったいどこで聞き付けたのか、大手証券会社の公開引受部、監査法人、投資銀行などの担当者が頻繁に来社するようになった。日本中に数え切れないほど存在する中小企業の経営者の一人に過ぎない私は、それまで金融機関に頭を下げることはあっても、下げられたことはまずない。彼らが「株式公開準備中の企業」という甘い蜜の香りに吸い寄せられて来る様は、言いようのない高揚感を生んだ。

しかし私は、株式公開を実現した経験者らに話を聞くうちに、「自社の株式公開を証券会社の言いなりに進めたくはない」と思うようになっていた。そこで証券各社をプレゼンテーションで競わせ、最良の案を出した会社を主幹事証券会社とするアイデアを思い付いた。

営業に訪れていた証券各社の担当者もこれを了承したため、89(平成元)年3月、資本政策コンテストを実施したのである。

内心期待するものもあったが、さすがは護送船団方式で知られる金融業界である。各社とも内容に大きな違いはなく、それは想定内の結果でもあった。私は自身の考え方に近いと思える主幹事証券会社と監査法人を決定し、さらに銀行に依頼して人材を補充した。そして株式公開に専念するため、それまで引き受けていた業界団体や商工団体の役員をいったん全て辞任した。こうしてアルプス技研は3年後、92(平成4)年の株式公開を目指すことになった。

バブル崩壊により公開は足踏み

昭和から平成に改まった1989年、四つの子会社を本社に合併する一方、長野県茅野市に2万平方メートルの土地を取得してハイテク工場を開設し、「蓼科テクノパーク」と名付けた。工場を建てた理由は二つあった。一つは自社開発製品「メル・アート21」を製造するため。もう一つは精密機器の設計製作を行う先端工場として、研究開発の結果を形にするためである。

「メル・アート21」は「音響および香りを有する表示体」「香り供給装置」の名称で四つ

本格的なハイテク工場として稼働した蓼科テクノパーク（長野県茅野市）＝1989年

の特許を出願し、取得したインテリア装置である。薄型の壁掛けテレビのような外観で、室内の環境や雰囲気に応じた風景写真を表示すると同時に、せせらぎの音や小鳥の声などの環境音楽と香りを発する。その生産拠点が必要だったのだ。

理由の二つ目は、技術者心理に関わる。技術者は自分で設計・研究・開発したものがどのように作られていくかが非常に気になる。建築士が完成した建物を見て満足するのと同じだ。しかし、派遣技術者が派遣先で設計や研究、開発に貢献しても「どこの工場で作られるのか」「どこに発注されるのか」を知らされないことが多い。そこで一部分でもいいから、社員が設計したものがどんな「製品」になったかを実際に見られる自社工場があれば、モチベーションが上がるのではないかと考えたのだ。技術者ゆえの発想といえるかもしれない。

工場開設の翌年には新規学卒者140人を迎え入れ、北軽井沢に浅間山を眺望できる保養所「浅間ヴィレッヂ」を完成させる一方、大阪営業所をはじめとして国内に10カ所の拠点を開設し、グループ全体の社員は860人を数えた。

ところが新入社員の稼働時期の遅れ、拠点開設に伴う過剰投資とランニングコストの負担増、旧態依然とした価格設定などが重なり、当初の売上目標や利益目標を達成できなかった。創業23年目にして初めて、業績上の大きなダウンという挫折を味わった。

振り返ると、日経平均株価は89(平成元)年末に3万8915円の最高値を付けたが、年明けから下降に転じ、90(平成2)年10月には一時的に2万円台を割り込んだ。日本経済は株価、債券、円がそろって下がる「トリプル安」に直撃され、企業の業績は軒並み悪化した。私たちはそれまでの好景気が「バブル」であったと初めて気づかされた。バブル景気に躍ったつもりはなかったが、バブル崩壊の荒波をもろにかぶったことは否めない。

それでも私は、技術立社を旨とするわが社は不況に強いと考えていた。社員の平均年齢も28歳と若く、パワーも粘り強さも十分だ。

「経営陣と社員が一丸となれば、この荒波を必ず乗り越えられる」

そう信じて91(平成3)年の年明けを迎えた。ところが同年6月、翌年の株式公開を目指す私たちの神経を逆なでするように、証券会社の損失補填《ほてん》問題が明らかになった。証券業界は激震に見舞われ、大混乱に陥った。そして12月には新株の発行が停止されてしまい、株式公開そのものが不可能になった。

株式公開がまたも延期に

「技術立社は不況に強い」と考えていたが、バブル崩壊後は待機技術者の数が急増した。

そんな中でも1991(平成3)年に東関東事業部(千葉市)と横浜事業部(横浜市港北区)、翌92(平成4)年に東京事業部(東京都中央区)を開設した。しかし初めての海外子会社として設立したアルテック台湾は閉鎖を余儀なくされた。

80年代以降、日本の経営者は、韓国やシンガポールなどのアジア諸国に目を向けてきた。台湾は87(昭和62)年まで38年間も戒厳令下にあったという特殊な事情があったものの、私は実際に訪れた経験から「日本もうかうかしてはいられない」という感触を持ち、最初の進出先に選んだのだ。しかし、株式公開のためにわが社の財務状況をつぶさに調べた監査法人は不採算事業の整理を迫り、その矛先がアルテック台湾に向かった。撤退はやむを得ない決断だったが、捲土《けんど》重来を期して現地事務所は残すことにした。

ようやくトンネルの出口が見えてきたと感じられたのは、第6次5カ年計画「新たな企業求心力を探る」(93～98年)を定めた頃からだ。積極的に顧客開拓を進めた結果、技術者の稼働率は9割に回復した。

証券会社の不祥事が原因で導入された新株発行停止措置も解除され、わが社の株式公開は93(平成5)年6月、ようやく申請段階へ進んだ。それに伴い、証券会社の担当が公開引受部から審査部へ変わった。

それまでも公開基準を満たすため、商法や証券取引法に従って資産や会計を処理し、一つずつハードルを越えてきた。内輪の納得ずくでやってきた慣習は一掃され、その全てが必要なことだと分かっていても、言いようのない苦痛を伴う作業の連続だった。

発行株数や株主数の厳しい基準もクリアし、ようやく公開に一歩近づいたと思ったら、決算書類を精査していた監査法人から再度クレームがついた。自社開発製品の「メル・アート21」の在庫を整理しろというのだ。私にとっては思い入れのある自社開発製品だったが、

自社開発製品「メル・アート21」。風景写真・環境音楽・香りが自動的に切り替わるインテリア機器だ

反論する材料は何もない。不良債権として一括処理された額は同年の経常利益の額とほぼ同じになり、その結果、93(平成5)年の経常利益は目標の1割、2500万円に落ち込んだ。株式公開のルールでは、利益が大幅に落ち込んだ申請会社はその後2年間、監察状態に置かれる。つまり、公開は最短でも2年遅れることが決定的になった。

　さらに大きな問題があった。延期に伴う金銭的な負担の増大である。私は新株をオーナー関係者へのワラント債(新株引受権付社債)

にすることを決め、公開後に私と親族で51％以上保有することにし、既に銀行から多額の借り入れをしていた。超低金利が当たり前の昨今と異なり、当時の金利は5％前後で推移していた。金利の返済だけでも大変な額になり、生命保険も、娘たちの預金も解約して返済に充てた。

こうして一度ならず二度までもわが社の株式公開は延期になった。公開を目指して一丸で頑張ってきたつもりだったが、社内も一枚岩ではなく、株式公開のために新たに採用した社員と古参の幹部社員との間に確執が生まれた。未公開株を手にした役員や経理担当者が何人も辞め、それを売り抜けて多額のキャピタルゲインを得た者もいた。人の心の奥底にうごめく本音を見せつけられた思いだった。

経営を体系的に学ぶ

株式公開を目指す途上で何度も壁に突き当たった私は、経済学、経営学、マネジメントなどを体系的に学ぶ必要性を痛感した。電気設計や機械設計など、専門分野に関する知識や経験には自信があったが、それ以外は理論として学んだことがない。さまざまなセミナーや講座でその都度必要だと思われることを学んでもきたが、もうひとつ何かが足りない。

おそらく1994(平成6)年の2月ごろだったと思う。51歳になった私は「神奈川経営者育成塾」で知り合った中村秀一郎先生に相談した。RADOCの詳細は後述(第5章)するつもりだが、中村先生は日本の中小企業研究の第一人者で、神奈川県の産業政策に深く関わり、89(平成元)年4月に創立された多摩大学(東京都多摩市)で経営情報学部長に就任していた。私の話を聞いた中村先生は少し考えて口を開いた。

「そういうことなら、うちの大学院を受験してみませんか。何か論文を書いていますか」

多摩大学は93(平成5)年に大学院を開設し、社会人が学ぶカリキュラムも設けていた。

「論文を書いたことはありませんが、著書ならあります」

まず思い浮かんだのは、会社の創業15周年を機に書き始め、翌84(昭和59)年に自費出版した『峠』である。40代に入った半生を省みつつ、知識の収集から創造へと転換する時期に、自然への探究心から学び得た企業経営の考え方をまとめたものだ。それまでの人生を登山に例え、「峠にたどり着いて周囲の状況を見極める時期だ」という思いをタイトルに込めた。

私にとって40代は人生の折り返し地点であり、峠でもあると考えていた。そこから下山するか、さらに次の高みを目指すかは己の自由だった。

「経営の神様」と呼ばれた松下幸之助の銅像の前で、妻・アイ子と。株式公開が延期になる中、関西を旅行した際に松下幸之助歴史館（大阪府門真市）を訪ねた＝1993年４月

その後、創業20周年を迎えた88(昭和63)年には『どろまみれの経営』を出版した。峠からさらに高みを目指す決意を固め、もう頂上に立っていなければならない時期なのに、まだ5合目あたり。高い頂を遠望しながら、再び会社と自分を見渡し、社員教育の参考書にもするつもりで書いた。同じ頃、新入社員から管理職までを対象に企業内教育について記した「人が未来」というテキストもあった。

私はこれらの著書の内容をかいつまんで話した。

「それはいい。今日は木曜だから、明日の昼までに著書と専門学校の卒業証書のコピーを持って来なさい」

中村先生が急いでいたのは、週明けの火曜日に教授会が開かれるからだった。私は専門学校しか出ていないが、著書や学術論文、研究発表、特許などの実績があれば、大学卒業と同等だと認められるという。そしてこの年の受験に間に合わせるには、次週の教授会で審査するしかない。中村先生のおかげで大学院の受験は認められ、入学もかなった。

私は94(平成6)年4月から平日は夜間に、土日は午前中からの授業を受けるため、多摩大学の大学院に通った。同級生の中には有名大学を卒業した人も多かったが、日が経つにつれて一人、また一人と減っていった。私は「授業料の元を取ろう、経営学修士(MBA)の資格を取ろう」という強い気持ちでハードな課題をこなした。

それに、私は既に経営を実践している立場である。大学に「経営学」はあっても「経営者学」はない。この点で「大学の教授たちと意見を戦わせることができれば、もっと視野が広まるのではないか」という考えもあった。

念願の株式店頭公開

私は「経営は実体験から学べ」という信念を持っている。にもかかわらず1994(平成6)年から多摩大学の大学院で学び始めたのは、株式公開にあたり、経営を学問的に体系化し、理論武装する必要を感じたからだ。

その成果はさまざまな局面で現れ、証券会社の担当者に率直な疑問や質問をぶつけられるようになった。しかし、それがあだになったのか、大量の書類を「一夜で書き直せ」という指示が来た。悪夢のような話だが、確認してみると、既に直して送ってある内容で、それを再送すれば用は済んだ。理由は分からないが、証券会社が公開延期を企図していることは明白だった。

そんな危機をはらみながらも、公開準備は着々と進んでいった。日本証券業協会や大蔵省(当時)に提出する詳細な報告書、株主や投資家に配布する目論見書の量は膨大なものになった。付帯資料を合わせた申請書類は1セットでみかん箱一つ分に、こうした書類を作成するための資料は小型トラック1台分にもなった。

「ここまで来れば、もう公開は目の前だ」と誰もが思った。ところが証券会社の人事の都合や「中間決算の最新の数字を入れた方がよい」というあいまいな理由で延期された。さらに年末になると「本年度の決算でやろう」と言われ、そのたびに大量の報告書と目論見書が破棄された。書類の量が膨大なだけに、印刷にもかなりの費用がかかっていたし、私は銀行からの多額の借入金の利息を払い続けなければならなかった。

96（平成8）年2月、私は大学院の修士論文の追い込みと、株式公開の申請書類のチェックが重なり、ビタミン剤を飲みながら激務をこなしていた。3月には公開できるつもりで、それがモチベーションとなっていた。ところが担当者がまたも難癖をつけてきた。

「株を買って下さる人たちのために最新の数字を入れ、3月の株主総会後にしましょう」

「またか…」と苦々しい思いがこみ上げてきたが、「これが最後」と思い、ぐっとこらえた。結果的にはわずかながら時間的な余裕が生じ、半ば諦めかけていた修士論文を仕上げてMBAを取得できたのだから不幸中の幸いというべきかもしれない。それに、これまでの体験に基づいた経営研究を専門的・理論的に学び、体系的に整理し、考えられるようになった。株式公開準備の合間を縫った勉学だったが、厳しくも楽しい2年間であった。それに、知識やMBAの取得に加え、豊富な人脈という「おまけ」までついてきた。

さて、「公開は5月」と気を取り直し、粛々と準備を進めたが、今度は「5月末の証券業協会の理事会終了後に」と言ってきた。大手証券会社と中小企業の力関係は身に染みていたが、この時ばかりは口が勝手に動いた。

「もう結構。これ以上、先に延ばすと言うなら、わが社も覚悟を新たに出直します」

1996年６月17日、念願の株式公開を果たして日本証券業協会で記念写真。前列左から河野成道代表取締役専務、１人おいて私、中村稔常務取締役

言ってしまってから背筋が凍りついた。相手が怒って席を立てばこれまでの苦労は水の泡となり、株式公開は最短でも2年は遅れるだろう。私にはそれだけの時間を乗り切るだけの、資金的な余裕はもうなかった。万が一の時は妻と離婚し、妻に経済的な責任が及ばないようにするため、離婚届の用紙に署名して妻に預けた。

しかし、この強気は「吉」と出て、株式公開日は6月17日の月曜日と決まった。

待ちかねたその日、私は証券会社に用意された応接室に通された。高ぶる気持ちを抑えきれず、予定より早く着いてしまい、淡々と応対する人々に内心を見透かされているような気恥ずかしい気持ちになった。さらに待ち焦がれた瞬間が近づくと、「いくらの値が付くのか」「そもそも注文が入るのか」、これまで考えたこともない心配の種が次々と浮かんできた。

午前10時、市場が開いたが何の連絡もない。最初の買い注文が入るまでの時間がとてつもなく長く感じられた。開場から20分を過ぎた頃からぼちぼち売れ始めたが、内心ひそかに期待していたような勢いはない。

ところが、その直後から買いが殺到、「間もなく売り切れます」という連絡が入った。私は自分の耳を疑ったが、開場40分後には売り切れた。その現実は喜びを通り越し、ダイナミックな市場経済の生々しさに触れた気がした。

苦闘8年のリターン

1996(平成8)年6月17日、アルプス技研は店頭登録市場に株式を公開した。当初から3、4年はかかると覚悟はしていたが、実際に手を付けてみると、主幹事証券会社は故意に公開を遅らせているとしか思えなかった。しかも、その証券会社が大口顧客を損失補填という形で優遇したため、大蔵省の判断によって市場は一時的に公開機能を失った。いっ

株式公開の準備中、白馬岳（2932メートル）に登って気分転換。左から私、三女・千穂、妻・アイ子、千穂の友人＝1993年８月

たい何度、先延ばしになったことだろう。自分ではどうにもできない難題がこれほど続くとは、私を含め、誰も予想していなかった。それでも公開を公言してから8年がかりでようやく目標を達成した。

前年秋、監査法人から「株価は1株1000円を切る」という試算が出された。私が売り出す株数では、ワラント債や株式購入のための借金は返済できそうもない。

「いやいや、株式公開の目的はもっと別の所にあるのだ」

そう自らに言い聞かせるしかなかった。ところが年末が近づくと、

1株1300円という数字が出てきて、少し気が楽になった。その後も試算のたびに値上がりし、実際の公募価格は3000円になった。

そして公開当日。出足こそ鈍かったが、市場が開いてわずか40分で売り切れたため、証券会社は「冷やし玉」を使う了承を求めてきた。過熱した相場を冷やすためにまとまった売り注文を出すことだが、それも前場(午前中)の終わりまでにはなくなった。

この日の最高値は4600円で、翌日は5000円を超え、公開直後の最高値は5320円まで上がった。私は手持ちの売り出し株を全て売ってしまったが、多額の借金を返済しても、なお余りあるキャピタルゲイン(株式売却益)が転がり込んできた。まさにハイリスク・ハイリターンである。

思わぬ高値を付けた背景には市場の奇跡があった。バブル崩壊後に低迷していた株価が一時的に上昇した時期で、6月26日にはバブル後の最高値2万2666円(終値)をつけた。これを上回るのは実に21年後、2017(平成29)年11月7日である。

私はピンポイントで株式公開による資金調達に成功した。前後の事情を知る人から「社長は強運だ」と言われた。もし前年に公開していたら、株価は1000円割れどころか、それ以下だったかもしれないからだ。だからといって公開を遅延させた証券会社に感謝の気持ちを抱くわけがないし、よもや、それを責める人もいないだろう。
一方で、労働者派遣法が施行されて10年が経ち、同年に施行された改正労働者派遣法で、適用対象が16業種から26業種に増やされた。そのため、アウトソーシング(外部委託)企業への社会的な期待があったことも、当時の株価を押し上げた要因と思われる。
そして、日本証券業協会が発行する『証券業報』8月号には「新規登録銘柄」として「株式会社アルプス技研」が掲載された。それは、当社の「未来思考」の姿勢を示す内容となっている。

当社は、1968年7月創業当初より、「物欲の時代」から、知恵や創造性といった「無形の価値―知価の時代」の到来という、まさに今日に至る潮流をいち早く予見。「機械と電気の一体設計」という、まだほとんど手掛ける人達のいなかった分野への進出を果たし、イノベーターとして、常に時代をリードしてきました。

また、同年の「会社四季報」夏号に掲載された上場企業は2360社、店頭登録銘柄は725社。国内の約300万社の中で、株式を公開しているのはざっと1000社に1社。

それに「株式公開を宣言した会社のうち、実際に達成した会社は0・7%に過ぎない（当時）」という話も聞いた。確かに数字では表せない苦労の連続だったが、粘り強く、あきらめず、挑戦し続けることの大切さを改めて感じた。

アルプス技研の店頭公開が報じられると、会社に、自宅に、数え切れないほどの祝電が届き、店が開けるほどの祝いの品々が積み上がった。

公開から4日目、妻が銀行へ記帳に行き、帰宅した私に見せてくれた。

「こんなにケタが並んだ通帳を初めて見たわ」

私は妻が入れてくれたお茶を飲みながら、株式公開を成し遂げたという達成感をゆっくり味わった。

公開翌年に会長就任

1996（平成8）年の株式店頭公開は、アルプス技研の第6次5カ年計画（93～98年）に掲げた「新たな企業求心力を探る」の達成でもあった。

公開は信用力の向上につながり、受注や求人、資金調達が容易になった。一方で企業内容等の開示義務が生じ、投資家向け情報提供（IR）も必要となる。また、株の投機的取引、

日本赤十字社に寄付したのは店頭公開で得た利益の一部。創立120周年記念大会で名誉総裁の美智子さまから表彰される＝1997年５月13日、明治神宮会館

買い占めへの対策や、株主総会の開催が必要になり、経費や事務量などが増大する。

公開準備のために学んだことは多かったが、公開後も全てが新たな経験の積み重ねであった。確かに一つの大きな壁を越えたが、「精神的にも経済的にも全てを完遂した」と思えるようになるまでには、なお少々の時間を必要とした。しかも経営者の責任として、立ち止まることは許されない。私が公開後の基本経営戦略を公表したのは、実は公開達成前である。

この頃までの私は人材の確保・育

成に大きなエネルギーを注いできたが、産業構造の変化に伴う労働市場の流動化と働く人の意識の変化、就業形態の多様化に直面し、「会社のあり方そのものを根本的に改めないと、21世紀には立ちゆかなくなる」という思いを深めていた。

そこで株式公開翌年の97(平成9)年、強固な未来志向に基づき、基本経営戦略「2222」計画を発表した。創業35周年を迎える2002(平成14)年の決算期に、当社グループとして「年商200億円」「経常利益20億円」「社員のいない2000人の会社」を達成するとともに、東京証券取引所2部(当時)への上場を目指すというものである。

「社員のいない会社」とは、全ての仕事を起業家の仕事とする会社である。そこでは全員が起業家であり、決定者であり、自らを経営管理者として意識し、生きがいを感じ、自ら行動する組織となる。それは、これまでのピラミッド型の階層組織を、自己責任型でフラットな、上下関係のないネットワーク型の組織へ転換することである。

私はこれを「くもの巣型ネットワーク」と名付けた。強い自主性、責任感、相互信頼、専門知識、当事者意識を持ち、能動的に仕事をする起業家集団——こうした企業における労働の対価は「給与」ではなく「報酬」であり、充実感や達成感も得られる。これこそ私が人材派遣会社を立ち上げた当初から考え、主張してきた「働き方改革」である。今もこの考えに変わりはなく、未来の企業はこうあるべきだと思っている。

それが簡単ではないことはよく分かっていた。しかし、株式を公開して一私企業から社会の公器となったことで、私の役割にピリオドが打てた。そのため、株式を公開した翌春、97（平成9）年4月に私は代表取締役会長となった。周囲は驚いたが、私にとっては公開達成前から熟慮していた既定路線であった。後任の代表取締役社長は、株式公開の準備をする中で八十二銀行（長野県長野市）から招いた中村さんである。

株式公開には経済に強い人材が必要だったので、中村さんの他にも横浜銀行（神奈川県横浜市）から河野さん、東邦銀行（福島県福島市）から渡部さんを招いた。3人とも前職との企業規模の違いに悩んだようだが、株式公開に向けて共に闘った大事な戦友だ。

こうして一線から退いた私は、実践経営学に磨きをかけ、具体化することが可能なフリーの立場となった。

当時のことで思い出すのは、同郷の神奈川県職員OBと協力し、「新潟県人会」を立ち上げたことである。そしてその人の勧めで日本赤十字社に寄付をしたところ、創立120周年記念大会に招かれ、皇后（当時）美智子さまから金色有功章をいただいた。

世紀をまたいでさらに成長

１９９７（平成９）年10月から99（平成11）年４月にかけての時期は、後に第２次平成不況と呼ばれる景気後退期だった。しかし大手銀行の合併、産業界の大型再編などによるリストラにはアウトソーシング（外部委託）を加速させる一面もあった。

そんな外的要因もあり、アルプス技研は96（平成８）年の株式公開後も順調に業績を伸ばし、98（平成10）年には年商１００億円を超えた。この間の97（平成９）年には創業30周年を祝い、第７次５カ年計画「事業領域とコア・コンピタンス（企業の中核となる高い能力）の再構築」（98～２００３年）をスタートさせていた。また、一度は撤退した台湾に海外子会社アルテック台湾（現ＡＬＰＳＧＩＫＥＮ　ＴＡＩＷＡＮ　ＣＯ．，ＬＴＤ．）を設立した。また、翌99（平成11）年には北関東の新たな拠点として宇都宮テクノパーク（ＵＴＰ）を栃木県矢板市に開設した。

同年５月、私は新しい産業の創造、中小企業の新規事業展開を支援する第３セクター・株式会社「さがみはら産業創造センター（ＳＩＣ）」（相模原市緑区）の社長に就任した。創業者としての役割に一定の区切りをつけ、ライフワークと考えるようになっていた起業家支援・地方創生に多くの時間を割きたいと考えたからだ。

以前に比べて身軽に動き回れる立場となり、東奔西走の日々を過ごしていたところ、台湾出張中に台湾中部を震源とする「921大地震」(99年9月21日)に遭遇した。最大震度7、死者が2400人を超える大災害となった。私は被災することなく無事に帰国できた。

2001年に完成した本社ビル（現・アルプス技研第1ビル）前で。左後ろに「さがみはら産業創造センター（SIC)」の建物が見える＝2023年5月

あの大地震の中で無傷だった自分の運の強さを感じる一方、急成長を遂げてきた台湾企業への影響が懸念された。

この年と翌2000(平成12)年、労働者派遣法が相次いで改正された。適用対象業務が原則として自由化され、派遣先の企業に直接雇用されることを前提とした「紹介予定派遣」も認められるようになった。派遣元会社のバックアップを受けながら職場選びができることから応募者が増え、アルプス技研のような派遣元は派遣手数料と人材紹介手数料を得られる。それらも追い風となり、7期連続の増収増益を達成することができた。

そして同年9月28日、念願だった東証2部上場を果たした。店頭公開まで8年を要したのに比べ、4年3カ月での上場は早いと言えるかもしれない。しかし、それに見合う人材が育っていないことが課題だった。

上場に先立つ9月21日、国際戦略の一環としてスリランカのコロンボ市に子会社「アルテック・ランカ」を設立した。スリランカではIT人材の需要が高いものの、優秀な人材の多くがインドに流出するという問題を抱えていた。そのため現地でIT技術者を育てて派遣する事業は大きなビジネスチャンスであり、スリランカ人の労働の質を高めたいという現地政府の思惑とも一致していた。

一方、21世紀の新たな拠点となる本社ビル(現・アルプス技研第1ビル)の建設も相模原市西橋本5丁目で進めていた。1キロほども離れていない西橋本1丁目の社屋建設時に150人だった社員は10倍以上の1800人に増え、新社屋が必要だった。

場所はS-ICの北側に位置する再開発地区の一角で、正面玄関前には最大径20メートルの池と噴水が来社者を迎える。地上8階建ての免震構造で、5階に人材育成の要となる研修センターを置いた。

竣工を待ち、01(平成13)年7月2日から3日かけて引っ越し作業を行った。起業時の借家から数えて六つ目の「本社」は、ようやく上場企業らしい器となった。次はこの器にふさわしい、上場企業らしい組織をつくっていかねばならない。

しかし、00(平成12)年12月から02年1月までは、いわゆる「IT不況」「第3次平成不況」などと呼ばれた景気低迷期であった。この間の01(平成13)年9月11日、米国で同時多発テロが起きると、航空・観光関連業が大打撃を受け、世界経済は先行きの不透明感によって萎縮した。日本経済はデフレ傾向がさらに強まり、多くの企業が設備投資の抑制、残業時間の規制、人員削減などの合理化を進め、その影響は人材派遣業界にも及んだ。

激変する環境の中、中小企業から中堅企業への過渡期にあるアルプス技研グループが成長を続けるためには、「変化や変革を脅威ではなく、チャンス」だと受け止める必要がある。私は社員らに創造的破壊ができるベンチャー精神旺盛なイノベーター(革新者)になるよう、檄《げき》を飛ばした。

企業風土の伝承を図る

21世紀に入ると、アルプス技研では大きな出来事が相次いだ。まず2001(平成13)年3月の株主総会で深尾さんの3代目社長就任が承認された。夏には相模原市西橋本5丁目(現・緑区)に新本社ビルが完成し、翌年の株主総会はこの5階の研修センターで開催した。それまでは橋本駅近くの結婚式場を借りていたのである。そして03(平成15)年には池松さんが4代目社長に就任した。

3代目社長の深尾さんは00(平成12)年の入社である。東洋醸造や旭化成、製紙卸企業での勤務経験を生かし、専務取締役として2部上場(同年9月)の達成に尽力してくれた。4代目の池松さんは01(平成13)年の入社だ。日本航空勤務から財団法人宮城総合研究所に出向して事務局長を務めた人で、アルプス技研では東京事業部長、取締役経営企画部長兼経理部長、常務取締役経営企画部長兼経理部長などを務めた。

2人とも1部上場を目指すアルプス技研にとって必要な人材だった。だが、そうした人材を外部に求めなければならなかったのも事実だ。彼らは彼らで企業規模や社風の違いなどを感じながら、試行錯誤を繰り返したのではないだろうか。

2001年３月の株主総会の後、２代目社長の中村稔さん（前列中央）の慰労会で。中村さんの左が３代目社長の深尾愛二郎さん、同・右が私

株式を店頭公開した１９９６（平成８）年以降は、多様化が進むアウトソーシング（外部委託）需要に対応するため、各種企業のグループ化を進めた。具体的には業務用ソフトウエア開発の「日比谷計算センター」、半導体研究用装置などの輸入販売の「日本ビーテック」、ＩＳＯ認証の取得支援を行う「サイエンスシステム」、画像情報処理やネットワーク構築が得意な「ザイゴ」などだ（社名はいずれも当時）。02（平成14）年には東京データシステム株式会社からソフト技術者派遣事業部門を譲り受けた。

しかし、創業から時が経ち、会社が大きくなればなるほど創業時の気概や熱気は薄れ、外部からの人材が増えれば企業風土も変容してしまう。それが企業の将来を危うくしかねないという危機感を抱いた私は社内に「峠の会」を立ち上げた。「古きよき企業風土を伝承しつつ、新しい文化を取り入れ、組織活動を活性化する必要がある」と考えたからだ。具体的には古参の中川君をリーダーに、新しく入った役員と古参社員との間で問題点を明確にし、定期的に討議する場を設けたのである。

第1回は02（平成14）年11月9日に箱根湯本温泉で開催した。私と当時の深尾社長、後に社長となる池松常務らと、1980年代前半までに入社した社員13人が参加した。以後は北軽井沢保養所で年1回、80年代後半までに入社の古参社員が参加する形になった。私が「峠の会」に期待したのは、これまで培った人材育成システムや企業文化、会社の歴史を後輩にきちんと伝えていくことであり、一定の効果はあったと感じている。

振り返れば、80年代半ばの入社者は「新人類」と呼ばれていた。当時の管理職には理解しがたい感性や価値観、行動基準を持っていたからである。それがいつの間にかベテラン社員となり、この頃の入社者は就職氷河期と呼ばれていた。その後も、ゆとり世代、さとり世代、ミレニアル世代、Z世代などの呼称が登場したが、世代の特性を理解しつつ、企業文化という一本筋の通ったものを継承していく努力は今後も必要だと思う。

なおも厳しい経営環境が続く中、「組織運営をシンプルにして経営効率を上げることが先決だ」と考えるようになり、03(平成15)年3月に組織改革を敢行した。組織機能を統廃合して7事業部制から4事業本部制に移行してグループ制を導入するとともに、製造部門の強化、営業拠点の拡充、管理部門の再編成などを行った。

ついに東証1部に上場

2003(平成15)年、アルプス技研は創業35周年という節目の年を迎えた。厳しい経営環境が続いていたが、それまでで最も多い300人を超える新入社員を迎え入れた。蓼科テクノパークと宇都宮テクノパークで、品質マネジメントに関する国際規格「ISO9001」を取得して信用度の向上を図る一方、01(平成13)年10月に始まったばかりの新たな企業年金制度である確定拠出年金(日本版401K)もいち早く導入した。

企業の社会的責任(CSR)や企業倫理(コンプライアンス)が厳しく問われる状況を受け、第8次5カ年計画「新たな企業価値を創造する」(03〜08年)を発表、7つの誓いを柱とする「企業倫理憲章」を制定した。新たにコンプライアンス委員会を立ち上げ、行動規範大綱の制定、啓発活動体制、通報体制などの整備にも着手した。

東証1部上場を達成して、東京証券取引所の鶴島琢夫・代表取締役社長（右）と。示しているのは「市場第一部指定通知書」＝2004年12月1日

この頃、中国発祥とされる重症急性呼吸器症候群（SARS）が流行し、経済活動への影響が懸念されたが、その沈静化を待ち、03（平成15）年夏に北京市に「アルテック北京」を設立した。ソフトウエアの開発から始め、機械設計、電気設計のアウトソーシング（外部委託）を視野に入れた海外子会社で、資本金2500万円の60％をアルプス技研、40％を現地法人の北京紳軟の保有とした。

こうした一連の事業活動と並行して03（平成15）年5月、管理本部内に東京証券取引所第1部上場を目指すプロジェクトチームを設立した。コンプライアンス（法令順守）やコーポレートガバナンス（企業統治）の整備と資料の取りまとめを進めた。

04（平成16）年10月末から東証の審査官による口頭質問などが行われ、11月19日に上場認可が東証のホームページで公表された。そして12月1日、ついに東証1部（現・東証プライム市場）への上場が実現した。

この時点での資本金は15億3095万円。1部上場効果もあってか、翌05（平成17）年の年商は200億円を超え、6年間で倍増という成長を遂げることができた。

同年に環境マネジメントに関する国際規格（ISO14001）の認証を、本社、相模原営業所、蓼科テクノパーク、宇都宮テクノパークで取得し、さらなる企業価値の向上に努めた。

人口減少社会を見据えて

日本の少子高齢化に対する政策はたびたび打ち出されてきたが、どれも目覚ましい効果は得られなかった。この問題を深刻化させた一因は、それが社会や経済に及ぼす影響について、私たち経営者が真剣に考える機会を持たなかったことかもしれない。とはいえ、田舎の少子高齢化は都会よりも急速に進み、私も新潟に帰省するたびに厳しい現実を突きつけられてきた。

「このままでは労働力不足が、企業の存続を危うくしかねない」

そう考えた私は海外の人材市場に目を向け、いったん解散したアルテック台湾を再開し、アルテック北京を設立した。そして2003（平成15）年には、ミャンマーに「ICTプロフェッショナル・トレーニング・コースを設立するに至った。ICTとは、Information Communication Technologyの頭文字から取ったものである。

ミャンマーで人材育成をしようと考えたきっかけは96（平成8）年、経済視察でミャンマーを訪れたことにさかのぼる。国名がビルマからミャンマーに改められて8年、非暴力民主化運動の指導者・アウンサンスーチーさん（91年にノーベル平和賞受賞）を軟禁し、人権抑圧を続ける政権に対して米欧を中心に経済制裁が発動されていた。日本でも同国への関心は薄く、日系企業は小さなレストランを加えても数えるほどで、わずかな新聞社が連絡事務所を設けていた程度だ。

そんな情勢下でミャンマーを訪れた私は、故郷・新潟ののどかな風景と日本人の人情味に通じるものを感じ、また、日本人以上に勤勉であるという印象を受けた。

「貧しくて思うように学べない若者のために何かしたい」

学ぶ意欲を持ちながらもその機会を得られないミャンマーの若者に、かつての自分の姿

中国・青島科技大学の客座教授に就任＝2003年９月

を重ねていたのかもしれない。そこで政府関係者に声をかけると、若者への技術教育と農業振興への協力を依頼された。

私は現地の実情、法制度や教育事情を調べた上で、私個人の寄付によってヤンゴン市内に「ミャンマーＩＣＴパーク」を設立した。そして、まず日本語教育と技術教育を行う「ＩＴ技術者養成コース」をスタートさせ、翌04（平成16）年には「介護補助専門家コース」を設置し、それぞれの卒業生を日本で受け入れる事業を開始した。

話はこれだけでは終わらない。私はさらなる外国人人材育成のため、05（平成17)年、アルテック北京に個人的に寄付をした上で青島科技大学(青島市)と提携し、「アルプス国際エンジニア教育センター」を設立した。同大で選抜した学生に技術教育、日本語教育などを行い、来日後、日本で就労するエンジニア人材を育成するためである。

こうした試みは、当時の中国では珍しい産学官連携事業だったことから中国国内でも注目を集め、日中の大学生が2000名以上参加した交流会では「学生起業」をテーマに熱い議論が交わされた。

これらが中国における事業の起点となり、06(平成18)年には北京と青島の両市に拠点を持つ中国石油大学に「中国石油大学ALPS国際エンジニア教育センター」を設立した。さらに07(平成19)年に青島市に「アルテック青島」、08(平成20)年に広州市に「アルテック広州」を設立した。いずれもアルプス技研の子会社で、06年秋に数十人、07年秋以後は100人を越える技術者を採用できるようになった。

一人っ子政策で甘やかされて育った若者たちばかりで、「これは大変だ」と思ったが、あいさつや日常生活の規律を教えて鍛え直し、ビジネスマナーを身に付けさせた。総じて意欲の高い者が多く、日本語の入社試験で日本人より高得点を取る者も少なくない。来日後、起業に関心を持つ者もいて、ビジネスや技術に、国境や国籍は関係ないと感じている。

組織は「頭」から腐る

2008(平成20)年4月14日、私はテレビ東京系列の「日経スペシャル　カンブリア宮殿」に出演した。小説家・映画監督の村上龍さんがインタビュアーを務める経済トーク番組で、経済界を中心に、政治家、プロ野球の監督やプロゴルファーなどがゲストに招かれていた。

番組の冒頭、こう紹介を受けた。

「アルプス技研の歴史は人材育成の歴史と言われるほど、人材教育に力を入れてきた」

それは紛れもない事実であり、長年、大手企業にも負けない多額の投資をしてきたという自負もある。村上さんから研修の必要性について問われた私は、「人が事業を育て、事業が人を育てる」という考え方が全ての根底にあることを説明し、こんな事例を紹介した。

「不況で派遣社員の多くが雇い止めになった時でも、客先から、『おたくの社員は切らない。礼儀作法やマナーが良く、わが社の社員の模範になる』と言われました」

これは研修によって技術力と人間力を磨いてお客さまを獲得したケースの一つと言えるが、番組の製作サイドの興味は、かつて「地獄の特訓」と異名を取った人材育成制度を手

テレビ東京系列の「カンブリア宮殿」に出演、「社長の金言大賞」を受賞した＝２００８年（写真提供・テレビ東京）

本としたアルプス技研の社員教育制度に集中していたような気がする。

そこで私は、世間に吹聴されている厳しさばかりを強調するのではなく、「精神（心）」と「実務」の教育を並行して行う両面教育の重要性を伝えることに努めた。さらに村上さんからこう質問された。

「聞くところによると、一度辞めた社員の出戻りを認めていらっしゃるとか」

これもまた事実で、当時は70人くらいいたと思う。辞めた理由はそれぞれ、戻りたい理由もそれぞれなので、私はこう答えた。

「日本の経営には理性、合理性、ビジネス的な部分が七分は必要だが、残りの三分は人情、感情、場合によっては好き嫌いも残して置いた方がよいと思います。そんな〝合理的浪花節経営〟の時代になるのではないでしょうか」

辞める理由、戻る理由を詮索するより、そういう人を受け入れる会社の体質が大事だという考え方である。私はさらに続けた。

「企業という組織はサンマやイワシと同じで頭から腐る。だからトップからやることが大事なのです」

するとこの一節、「組織は魚と同じ。頭から腐る」が、番組ファンクラブの会員投票で選ばれる第2回「社長の金言大賞」に選ばれ、翌週21日の放送で私はトロフィーを贈られた。偶然の出来事ではあるが、その年の夏に創業40周年を迎えるアルプス技研にとって良い記念になったと思う。

そしてこの年、第9次5カ年計画「リーディングカンパニーへの飛躍」（08〜13年）をスタートさせ、横浜銀行出身の牛嶋さんが5代目社長に就任した。人心一新の体制で成長を加速させようとしたまさにその直後、リーマン・ショックに見舞われた。

みなとみらいに本社を移転

米国の金融機関の破綻をきっかけとするリーマン・ショックが起きたのは2008（平

成20)年の秋。世界的な金融不安の中で急激な円高が進み、日本の輸出産業は大きな打撃を受けた。

製造業を中心に労働者派遣契約の打ち切り、派遣労働者の解雇や雇い止めが急増し、「派遣切り」という言葉が広まった。東京の日比谷公園に「年越し派遣村」が開設され、生活困窮者の支援が行われた。

政府も大型経済対策、金融機関への資本注入、為替介入や金利政策などの手を打ったが、09(平成21)年の実質国内総生産(GDP)成長率はマイナス5・5%にまで落ち込み、同年7月の失業率は5%を超えた。非常に厳しい事業環境が続き、アルプス技研の全社員の約3分の1、千人近くが待機状態となったが、一人もリストラしなかった。

こう書くと数行で終わってしまうが、創業直後で仕事がほとんどなかった第一苦境期(68年)、オイルショックによる不況に直撃された第二苦境期(74~75年)、バブル崩壊の余波をもろにかぶった第三苦境期(93年)以上の苦しさを味わった。まさに「第四苦境期」であった。会社の規模が格段に大きくなった以上に経営者としての責任の大きさは相乗的に増え、小さな判断ミスも許されない。胃がんの手術を受けた直後の、65歳の私が感じた心労は想像以上だった。何かトラブルが起こるたび、その対処が最終的に私の所に集中する、

創業の地・相模原から2011年に横浜進出を果たしたが、それ以前から横浜を拠点に起業家育成活動に注力してきた。関内フューチャーセンターで行った起業家支援財団・第40回学生起業塾での理事長講話＝2013年

組織力の弱さを痛感した。

しかし、今こそ「ウエルカム・トラブル」の精神を発揮すべきだと開き直った。09(平成21)年に上場以来初の営業損失を計上したものの、営業強化、コスト削減などの不況対策に注力したことが功を奏し、翌10(平成22)年には黒字に転換した。同年にアルテック上海(中国上海市)を設立し、中国での業容拡大を図った。そして11(平成23)年2月、情報や人材の集積度が高いみなとみらい(横浜市西区)に本社機能の一部を移転した。

実は、本社移転はこの20年ほど前から考えていた。

相模川沿いの平らな台地に広がる相模原市は、かつてはのどかな農村だった。田畑や雑木林の景観が広がっていたが、1954(昭和29)年の市政施行後に工業都市化を図り、58(昭和33)年に首都圏整備法の市街地再開発都市第一号に指定された。平らな地形の利点を生かし、工場や量販店などの誘致が進むにつれて税収も上がり、80年代初頭には製品出荷額が1兆円を超えた。21世紀に向けて市工業ビジョンも作成されたが、工業振興予算は伸び悩んだ。

しかも、政令指定都市指定を目指してからは人口増加が優先され、工業地域は地目変更されて住宅地となり、あちこちで住工混在問題が発生した。大手企業の本社や工場が次々に流出し、私自身、さがみはら産業創造センター(SIC)の社長を務めた際に、市の産業振興策に疑問を感じたことが何度かある。そのため、上場した暁には、本社を東京あるいは横浜に移転することを考えるようになっていた。

01(平成13)年、西橋本に新社屋(現・アルプス技研第1ビル)を建てる際も横浜市内での建設を考えたが、地価が高くて手が出せなかった。その後、数年かけて本社移転の社内合意を形成していったが、決め手はみなとみらい・クイーンズタワー(横浜市西区)に置いた横浜営業所の求人効率が良かったことである。営業や国際戦略上のメリットも期待できるし、当時、相模原市の財務状況次第で、市税の引き上げが予想されていたことも背中を押した。

振り返れば、当社の本社移転の歴史は成長の証しでもあった。新社屋の建設・移転のたびに借金を背負い、緊張とプレッシャーの中でエネルギッシュに行動し、努力したことが成長につながったのである。そして10（平成22）年4月、相模原市が国内で19番目の政令指定都市に移行したのを見届けた上で、横浜市に拠点を移すことになった。

ところが新たな本社でさらなる成長を期した直後の3月11日、東日本大震災が発生し、北上、仙台、郡山、いわき、日立などの営業所が大きな影響を受けた。直ちに牛嶋社長（当時）を本部長とする災害対策本部を設置し、社員の安否確認、取引先の状況確認、被災営業所への支援を行う一方、震災発生直後から社員やふれあい自然塾（後述）のメンバーらが現地へ飛び、災害緊急支援ボランティアとして活動し、社内では義援金集めなどを行った。

いつ起こるかもわからない、容赦のない自然災害にどう備えるか、経営のリスクにどう対処するか、改めて考え直す機会となった。

ミャンマーへの深い思いと絆

私は介護保険制度が導入された２０００（平成12）年以前から、高齢者向け事業への進出を視野に入れて準備を進め、06（平成18）年に介護付有料老人ホームを開設した。ところがその後の事業展開の過程で、アルプス技研と子会社のアルプスビジネスサービスのそれぞれが介護事業を手がける形になってしまった。そこで09（平成21）年に両社の介護部門を集約し、「株式会社アルプスの杜《もり》」を設立した。

創業45周年を迎えた13（平成25）年、第10次５カ年計画（13～18年）として「イノベーションによる企業規模の拡大」を掲げた。ところが市場環境の激変や競争激化に見舞われたことから、翌14（平成26）年、私は取締役会長として経営の最前線に復帰することを決断した。テーマは「大変革」である。

優先すべきは、技術者派遣事業という原点に立ち返り、経営基盤を固めること。そこで、経営資源の選択と集中を決断、将来の介護ビジネスを見据えながらも、「アルプスの杜」の全株式を譲渡して、介護事業からの一時撤退を決断した。結果的に業績はＶ字回復し、15（平成27）年には今村さんが６代目社長に就任した。アルプス技研が株式上場を目指して奮闘していた１９９０（平成２）年に入社した、初めての生え抜き社長である。

ミャンマーを訪問し、応援している学生たちと記念撮影（私は後列右から２人目）＝2003年９月

一方、２０１０（平成22）年に入管法（出入国管理及び難民認定法）が改正され、外国人労働者や技能実習生の来日増加が見込まれた。私は早くから個人寄付を元にミャンマーとの関係を強化してきたが、軍政下でもあり、日本での雇用は進まなかった。

それが一変した。アウンサンスーチーさんが軟禁を解かれ、民政移管、外資開放が進むと、ミャンマーは「アジア最後のフロンティア」と呼ばれ、海外からの投資が急増した。12（平成24）年には日本企業の協力でテイラワ経済特区の開発が始まり、工業団地の造成がスタート。14（平成26）年には、日本との間で投資協定が締結された。10年以上もミャンマーで人材育成に取り組んできたアルプス技研にとっても「好機到来」であった。

13（平成25）年11月17日、芝の増上寺（東京都港区）で日本とミャンマーの文化交流を推進する「ミャンマー祭り2013」が開催され、私はそのオープニングセレモニーで、駐日ミャンマー大使から感謝状を手渡された。ミャンマーの発展に寄与する人材育成への貢献が高く評価されたのである。そう言えばこの日、同時に感謝状を贈呈されたのが、安倍晋三総理（当時）の夫人・昭恵さん。06（平成18）年に初めてミャンマーを訪れて以来、両国の文化交流を支援してきたそうだ。「NPO法人ミャンマー国際支援機構（MIAO＝ミャオ）の正会員としても活動されている。

こうして長い時間をかけてコツコツ築いてきた信頼関係をベースとし、15（平成27）年4月、ミャンマー国内で人材育成事業、エンジニアリングサービス事業などを手がける「アルプス技研　ヤンゴン支店」を開設した。そして同年12月に開所式を行い、ミャンマー最大の認定送出機関（技能実習生を日本の監理団体に取り次ぐ役割を担う機関）であるTTS（TODAY　TOP　STAR）社との業務提携に調印し、受け入れ準備を整えた。

ヤンゴン支店では技術・介護・農業を3本柱と位置づけ、教育の基盤構築に注力した。

そして18（平成30）年にアルプス技研高等職業訓練大学校を設立し、その一期生14名が19（令和元）年10月に来日した。こうしてミャンマーでの人材育成は実を結んだかに思えたが、その後のコロナ禍、国軍のクーデターにより、停滞を余儀なくされていることは無念でしかない。

ミャンマーの話をすると、世界の数多の国の中で、「なぜミャンマーなのか」と質問されることが多い。最初の訪問時に故郷・新潟を想起させる豊かな自然に魅せられたことは確かだが、「ミャンマーの人たちを好きになり、自分の力の及ぶ範囲内で何か役に立ちたい」と思ったからだ。ミャンマー人の勤勉さ、ホスピタリティの高さ、人情味あふれる温かさは、日本人に通じるものがあると私は思っている。その豊かな人間性とポテンシャルを開花させ、日本とミャンマーの架け橋になるような人材がきっと育つと信じている。

激動を超えて創業50年

第10次5カ年計画（13〜18年）で「イノベーションによる企業規模の拡大」を掲げたアルプス技研は、事業規模、業容の拡大を目指し、2016（平成28）年に同業（技術者派遣、設計開発の請負・受託）の「株式会社パナR&D」の全株式を取得した。同社は車載オーディ

創業50周年式典終了後に記念撮影＝2018年７月７日

オの設計を専門として創業、関東を中心に展開していて、自動車関連分野に強いという特長がある。こうした中堅企業との相互補完によって業容の拡大を図る一方、技術者に特化した職業紹介会社「アルプスキャリアデザイニング」（12年設立）を子会社の「アルプスビジネスサービス」に吸収合併させた。

こうしてグループ全体の社員数が増え続ける状況を踏まえ、新たに「チームアルプス」のグループビジョンを制定、経営理念「Ｈｅａｒｔ ｔｏ Ｈｅａｒｔ」の基でグループ全体が一丸となって会社を強くする機運を高める場として「明日を語る会」を立ち上げた。

その一方、社内では15（平成27）年12月に「創業50周年記念企画検討会」が発足した。18（平成30）年7月1日の創業50周年がいよいよ視野に入ってきたからである。

さらに、創業50周年記念ロゴマークの製作、社内公募による企業キャラクター「アルスくん」の選定、アルプス技研第2ビル（1985年に建設した旧本社）の建て替え、アグリ・介護事業強化、採用強化、ミドル人材の育成、北軽井沢保養所の新棟建設など、数々の50周年プロジェクトを円滑に行うためである。また、この創業50周年記念事業の一環として、関係の深い地方自治体や介護福祉施設に合わせて約450台の車椅子を寄贈した。

農業・介護関連分野における人材サービスの提供を開始するため、「新規事業推進プロジェクト」を発足させたのも17（平成29）年のことである。日本の農業を人と技術の両面で支え、また、慢性的な人材不足に悩まされている介護業界への人材供給と質の向上を図る事業は、次の50年の柱となる可能性がある。その手始めとして、農業分野（アグリビジネス）の事業を拡大するため、北海道帯広市と沖縄県那覇市に拠点（分室）を開設した。

また、「広告・広報プロジェクト」では、企業ブランドの認知度や採用力の向上を目指してテレビとラジオを通じたコマーシャルの放映・放送を開始した。

〝ひと、技術、顧客――いつの時代にも　いくつもの「一流」に会える。〟

こうしたキーメッセージ（タグライン）が全国規模で流されたことによって社員の意欲が向上し、取引先からの信用度も高まったと思う。

そうした中、景気動向が総じて改善傾向にあり、求人倍率がバブル期以来の高水準となった17(平成29)年の売り上げは302億円に達した。過去最高業績を記録して上げ潮の勢いに乗った18(平成30)年7月7日、創業50周年式典を開催し、7月上旬には複数の新聞紙面に創業50周年記念広告を掲載した。

また、私の個人寄付による50周年特別予算を使い、100人を超える海外研修、参加者2314人という社員研修旅行を実施した。また、技術立社を側面から支えてきたロボットコンテスト、福利厚生の一環として長く続けてきたアルプスカップ(フットサル大会)などの恒例行事も盛大に行われた。

アルプスイズムを次世代に

「人を採用し、育てる力のある企業は絶対に倒産しない」

これが私の経営哲学の根幹となっている。

現代における経営資源は情報と創造だが、これをもたらすのは「人」である。つまり、人が価値を生み出すのであり、それを担う人材(人財)が経営資源の全てといってもよい。

アルプス技研の成長は、社会の情報化が急速に進んだ時期に重なるが、それだけに人材の確保には常に苦労してきた。

私が人材の確保と教育に力を注ぎだしたのは１９８０（昭和55）年頃からだが、その後、社員数が増えるにつれ、企業文化の再興と継承の必要性を強く意識するようになった。社会の変化に迅速に対応しつつ、長年かけて培ってきた「アルプスイズム」を確実に次世代に伝えていく必要があるからだ。

その骨子は、常に「変革」を目指し、挑戦（チャレンジ）し、成功するまであきらめず、執念を持って仕事と向き合うことである。そこで、それを成し得た社員は年齢や社歴にかかわらずに引き立てるが、反対に過去や現状に満足して挑戦しない社員は、ポストから外していく成果主義を徹底して会社の成長に結び付けてきた。常に上昇・下降があり、「エレベーター方式」とも言われる。

一般的な社員教育では、社員の技術力の向上や自己啓発などに重きが置かれ、特に中小

創業50周年で選定した企業キャラクターは55周年（＝2023年）の記念ロゴマークでも使用された

企業では業務に直結する教育を施すだけで手いっぱい。社員の人間性や心の問題にまで踏み込む余裕がないのが実情だ。しかし、私はこう考えている。

「行動は精神となって心に宿り、心は姿形となって行動に表れる」

そのため、アルプス技研の人材育成は、業務と技術教育を行う「実務教育」、人間の内面と外面の両面を含む「精神教育」とに分けて実施し、どちらかといえば、精神面を重視した教育を実践してきたかもしれない。この二つは車の両輪のようなものであり、どちらが欠けても社員教育としては成功しない。なぜなら、実務教育の効果を最大限に引き出すためには、並行してやる気(モチベーション)を引き出す精神教育が重要になるからだ。

そして、実務と精神の両面教育によって磨かれた者は高度な専門能力を持つだけでなく、他分野についてもある程度の能力を発揮するクラスター人材へと成長する。つまり、「会社は、社員の自己実現のための人生道場」なのである。だからこそ、経営者には長期的視点に立ち、社員教育の「環境と条件」を整えることが求められる。

良い会社とは、自分を律することのできる厳しい社員のいる会社だ。つまり、「人が事業を育てる」のである。自分に合う会社を探すことも結構だし、転職は自由だ。ただし「逃げ」の転職では、人も、事業も、成長することはできない。

福利厚生の充実を図るため、1990年に開設した北軽井沢保養所にコテージタイプの新棟や研修施設を建設（群馬県吾嬬恋村）＝2018年

そうした中で、５年先、10年先のアルプス技研を担う「ミドル世代」こそ自己研鑽に努め、問題発見力や感性を磨き、リーダーに不可欠な合理的な思考、未来志向で物事を判断する能力を身に付けてほしいと考えている。なぜなら、ミドルは企業の内外において社長の代行者であり、トップの経営理念や経営方針、ビジョン、志を理解し、自らの言動を通じて仕事に反映させ、実践していく努力をすべき立場の人だからである。

しかし、雇用市場が流動化しつつある昨今、中途採用者や転職者にいかに「アルプスイズム」を浸透させていくか、それがこれからの大きな課題となるだろう。

そのためには、私を含めた創業世代の全員がリタイアしてしまう前に会社の軌跡を学び、未来に活かす道筋をつくっておかなければならない。その意味では、創業50周年に向けたさまざまなプロジェクトは、会社のこれまでの歩みを見つめ直すよい機会となった。

進化を続ける社員研修

就職活動の場や転職市場では、「アルプス技研の社員教育は厳しい」という口コミが定着しているらしいが、それは、私の体験が原点となっているからかもしれない。

創業から10年余りが経過した頃、「会社は経営者の器より大きくならない」という言葉を意識するようになった。さらなる発展を目指すためには、「自己の修正」が必要であり、「自己確立」を図り、「克己心」を養わなければならないと考えるようになった。そのため、業界や地域団体の役務を引き受けたり、海外視察にでかけたり、経営や人の心についての研修や訓練を受け始めた。それと同時に「企業は人なり」を肝に銘じ、人材育成にいっそう力を入れるようになった。

様々な研さんの場の一つに、「地獄の特訓」としてセンセーショナルに報じられている

新入社員研修で会長セミナーを行う＝2015年４月15日

セミナーがあった。志願して受講した社員の一変ぶりに驚き、私自身も大いに関心を抱いた。その運営方法に批判的な報道もあったが、率先垂範、まずは経営トップが厳しいと言われる研修を体験し、その後ろ姿を社員に見せるべきだと思って受講を決めた。

同じように、私が体験し、感動し、素晴らしいと感じた研修は、社員だけでなく、妻や娘たち、そして友人にも勧めた。社員の家族に勧めたこともある。なぜなら、私と妻は受講を機に、人生や家庭が明るくなったと感じたからで、私の勧めに応じた多くの人からお礼の手紙や電話をいただいた。

こうしていくつもの研修やプログラムを受け、私自身のものの見方も変化したと思う。いくつかの自己発見があり、これまでよりも自分が好きになった。家族や社員、周囲の人々の親切や思いやりを身に染みて感じるようになり、世の中が明るく見えるようになった。大きなトラブルに疲労困憊し、孤独感にさいなまれている時も、グチひとつ言わず、涙も見せない妻の明るい笑顔に何度助けられたことか。そして、それが新たなチャレンジにつながった。

他人の話を聞くことの大切さを知ったおかげで、社内の問題発見やその対処も迅速に行えるようになり、社員が増え、業績も向上していった。売上が増えたこともうれしいが、それ以上に同じ研修や学びを通じて新しい人生を見出した社員たちと喜怒哀楽を共有することができた時、経営者として、一人の人間として生きがいを感じた。

アルプス技研の社員研修は私のこうした経験をベースとしつつ、社内でノウハウを蓄積し、ブラッシュアップを続けてきたもので、新入社員を対象とした合宿研修をはじめ、入社3年目、30歳、40歳などの節目におけるキャリア開発研修、シニア研修、シニア人材マネジメント研修など、時代に即して変化している。

新入社員合宿研修とは

アルプス技研では新入社員に対し、精神教育に重きを置いた新入社員合宿研修と、業務遂行に必要な技術研修の両面教育を実施している。前者では当初、「地獄の特訓」のような外部研修を利用していたが、ある時期からは先輩社員がトレーナーとして後輩を指導する独自の「ブラザー・シスター・システム」が確立された。再三トレーナーに志願する中堅社員も少なくないし、そのためのトレーナー研修も実施されている。

コロナ禍で新入社員合宿研修は中断していたが、2023(令和5)年から再開し、20年、21年の新入社員は社会人4年目、3年目で初めて体験することとなった。数百人が数十のグループに分かれ、長野県菅平のホテルで3

コロナ禍のため入社３、４年目の社員を集めて行われた新入社員研修だったが、終わりはみんな笑顔だった＝2023年９月

泊4日（コロナ前は7泊8日）を過ごす。数人のグループごとにトレーナー（先輩社員）が1人付き、私語厳禁で、「内観」と呼ばれる研修に多くの時間が割かれている。

具体的には自分を育ててくれた母親（該当者がいなければ身近な誰かを想定）が、自分にしてくれたこと、自分がしてあげたこと、迷惑をかけたことを1年ごとに振り返り、それらを書き出す作業を延々と繰り返していく。そうすると、自分や他者への理解や信頼が深まり、自己の存在価値・責任を自覚することができ、感謝や反省の心、相手への思いやりが生まれて豊かな人間関係や心のつながり（Heart to Heart＝アルプス技研の経営理念）を築くことができるようになる。

この「内観」は、実業家で浄土真宗の僧侶でもあり、教誨師《きょうかいし》、篤志面接委員としても活躍した吉本伊信《よしもといしん》が修養法として構築した「内観療法」から宗教色を除き、アルプス技研向けにアレンジしたものとなっている。合宿の効果は人によって異なるが、帰宅した子どもの激変ぶりに驚き、感謝を伝えてきた家族や関係者は数え切れない。

合宿の仕上げはアルプス技研が定める「ビジネス5ヵ条」の暗唱や「決意表明」だ。グループ全員の前で言い淀むことなく大声で暗唱し、トレーナーが「合格」を出すまで続けられる。しかもグループ全員が合格になるまで努力を続けることから、合宿を機に同期意識が育まれる。そのあたりが軍隊的、体育会的と批判されていることは承知しているが、批判は体験してからにしてもらいたいと思う。

実際、研修担当者も常にプログラムを工夫し、「もう二度と研修を受けたくない」というマイナスイメージを持たないよう、「どうすればできるか」「カバーするためには何をしたらいいか」を考えるような指導体制を組んでいる。また、緊張して集中する時間とリラックスできる時間を設けてメリハリをつけ、参加者の自主性を引き出すことに努めている。今後も「静と動」、手作りの愛情のある研修を通じて人間力と技術力を高め、アルプス技研の企業文化をしっかり受け継いでいってもらいたい。

百年企業を目指して

私は2019(平成31)年3月の株主総会で取締役会長を退任し、再び「創業者　最高顧問」に就任した。気が付けば、私も後期高齢者となっていた。

「老兵は去る方が良かろう」

昭和、平成を駆け抜け、5月からは令和が始まろうとする時代に、私が前面に出ることの弊害も多いと思ったからだ。

「企業の寿命は30年程度」という説もささやかれているが、ほぼ右肩上がりの業績を維持し続ける中で創業50周年を超えることができ、創業当初の想像と経営能力を超える成長を遂げられたと思う。経営の第一線から去ることに心残りがあったことは否めないが、水の流れと同じで、そういう時期がきたのだと割り切った。

その後は最高顧問として経営陣に助言を行う立場となったが、創業50周年にあたる18(平成30)年は第11次5カ年計画(18〜23年)「新産業革命時代に向けた経営資源の再投資」のスタート年でもあった。そこで同年を「第2創業期」のスタート年と位置づけ、「株式会社アグリ&ケア」(現・アルプスアグリキャリア)を設立した。

今後の成長産業分野と目される農業、人手不足が顕著な介護事業において新たな人材派遣市場を創出するためで、19(令和元)年にはこれまで培ってきた外国籍人材の採用・養成ノウハウを生かすため、登録支援機関の認定を受けた。登録支援機関とは、受け入れ企業からの委託を受け、新たな在留資格である特定技能外国人の活動を安定的かつ円滑に行うため、在留期間の支援計画の作成や実施を担う機関だ。介護や農業など、12分野の14産業が対象となっている。

また、同年からＡＩ技術者育成を図る「先端技術プロジェクト」を始動させ、先端技術分野における新たな事業価値の創出に着手し、20（令和2）年3月には農業用ロボットの開発・実用化を手がける「株式会社ＤＯＮＫＥＹ」を設立した。さらに同年7月には「株式会社デジタル・スパイス」（長野県茅野市）をグループ会社として迎え入れた。アルプス技研を退職した須藤泰志さん（現・アルプス技研取締役）が01（平成13）年に創業した、つまり当社では珍しいリタイア社長が率いる会社で、制御技術や画像処理技術に定評があり、宇宙探査機の開発に参加した実績がある。

成長が見込まれる農業・介護事業を強化、株式会社アルプスケアハートの訪問介護・第1号事業所「アルプスケハート橋本」が始動＝2021年10月1日

　さらに同年10月にはアルプス技研が１００％出資する現地法人「ミャンマーアルプス技研」を設立した。新型コロナウイルス感染症が広まって来日が困難となり、現在も政情不安が続くが、ミャンマーで培った信頼関係は今後も大切にしていくつもりである。

　そうした中で新型コロナウイルス感染症が広

まった。20（令和2）年には403人、21（令和3）年には479人の新入社員を迎え入れたが、いずれも入社式はリモート開催。アルプス技研伝統の合宿研修は通勤型のヒューマン研修として実施し、技術の基礎研修は在宅で受講してもらった。コロナ禍が原因ではあったが、リモートワークや在宅勤務、時差出勤、オンラインの活用などにより、働き方改革も急激に進んだ。コロナが広まる直前、アルプス技研第2ビルに本格的な映像コンテンツを自社で製作できるスタジオ設備を導入していたことが幸いし、動画配信やeラーニング教材の製作などをスムーズに行えたことが大きい。これもまた「ピンチはチャンス」の好例だろう。そして、リーマン・ショックの時にリストラをしなかったように、コロナ禍でも雇用を守り切った。

21（令和3）年7月には「株式会社アルプスケアハート」を設立し、訪問介護事業に参入した。相模原市から認可を受けた「アルプスケアハート橋本」（相模原市緑区）が10月から、「アルプスケアハート淵野辺」（同中央区）が12月から始動した。その後も菊名（横浜市港北区）、東神奈川（同神奈川区）、相模大野（相模原市南区）、元住吉（川崎市中原区）、成瀬（町田市）、南大沢（八王子市）などで事業をスタートさせている。

一方、コロナ禍からの回復が明らかとなった23（令和5）年には、連結子会社の株式会社パナＲ＆Ｄ（東京都渋谷区）の受託部門を、同じく連結子会社である株式会社デジタル・スパイス（長野県諏訪市）に承継させる吸収分割を行った。ものづくり事業の成長につながる受託事業をデジタル・スパイスに集約し、スピード感をもった意思決定と、技術力の底上げにより事業規模の拡大を図るためである。

企業にとってのライバルは同業他社ではなく、「時代の変化」であり、変化の先を行く変革（イノベーション）が企業の将来を左右する。そのため、今後はいっそう多様かつ高度な技術力を、いち早く企業価値に反映させていくことが大切になるだろう。その先にこそ、百年企業への道が拓ける。

第五章　起業家育成と地方創生

研究開発型企業として

アルプス技研が人材育成に力を入れていることが広く知られるようになったのは、１９８０年代の半ばあたりからだったと思う。84（昭和59）年5月8日付けの日刊工業新聞は「人材育成に本腰」という見出しで、わが社の「教育3カ年計画」を報じている。そうこうするうちに神奈川県内はじめ、各地の経営セミナーや研修などに講師として招かれることが増えていった。80年代半ばからの10年間で社員数が約20倍、年商が約50倍へと急成長していく勢いも評価されたのだと思う。

人材育成、技術者養成は時代の要請でもあった。

私が株式公開の意志を固めつつあった88（昭和63）年2月、神奈川県研究開発型企業連絡会議（略称ＲＡＤＯＣ《ラドック》）が「神奈川経営者育成塾」の開校を発表した。経営者や幹部を目指す若手を対象に、企業のトップが経営戦略や戦術や経験談を語り、経営ビジョンを持つ人材を育てることが目的だった。

話は78（昭和53）年にさかのぼる。

長洲知事（当時）が、成熟した経済の成長・発展を担うのは人間の〝頭脳〟だとする「頭脳センター構想」を提唱し、知識集約型産業政策を打ち出した。これを受け、県総合産業政策委員会が「優秀な人材を集める環境づくり」「理系大学院大学の設立」「頭脳型・高付加価値型産業への転換」などを提言した。

その一環として県内で活発に活動するベンチャー企業に呼びかけ、月に1回、例会を開催する仕組みが誕生した。これがRADOCで、研究開発型企業全国交流大会（横浜市）や研究開発型企業日米会議（米国サンタクララ市）などを主催し、最先端の異業種交流活動としても注目を集めた。共通の目標や目的を持つ複数の組織や人が協力し合うために結成する、いわゆるコンソーシアムの先駆けである。

神奈川新聞

研究開発型企業

次代担う人材育て

長洲知事

研究開発型企業の次代を担う人材を育てる目的で設立された神奈川経営者育成塾の開講式が九日、相模原市の相模原商工会議所大会議室で開かれた。お祝いには長洲知事も駆け付け、特別記念講演を行った。

塾はハイテク企業集団である県研究開発型企業連絡会議（RADOC）が主催し、県などがバックアップ。塾生は将来、経営者を目指す三十歳以上が資格で、一期生二十人の平均年齢は三十八・七歳。

二村昭二塾長（放電精密加工研究所社長）は「研究開発型企業の最大の問題は後継者。講師となる創業者たちの哲学を学んでほしい」とあいさつした。

長洲知事は提唱する頭脳センター構想の紹介を導入にして産業、科学技術政策について熱っぽく講演。「頭脳センターの決め手は人材である。経営者は業を企てる人であるべきで、創造的な分野を開拓し

橋本のアルプス技研取締役、杉山雅美さんは「大宮市にある設計関係の分社を任されているので、分社経営についてノウハウを吸収したい」と抱負を語っていた。塾は六カ月間にわたり週二回のペースで開かれ、第一線の経営者が独自の経営哲学などを伝授、井深大ソニー名誉会長らが特別講師に予定されている。一期は相模原市で行われるが、二期以降は川崎、横浜などを開催地にする。

生を励ます長洲知事＝相模原商工会議所

神奈川経営者育成塾の開講式の様子を伝える神奈川新聞（1988年４月10日の経済面から）

私は当初は蚊帳の外だったが、ＲＡＤＯＣの運営に関わっていた神奈川県の職員らと話したことがきっか

けで、例会に顔を出すようになった。ＲＡＤＯＣの会員は金融機関や証券会社、監査法人などのオブザーバーを合わせて約40社。オブザーバー会員にとっては動向を注視すべき気鋭の研究開発型企業の集まりだった。実際、わが社を含めた数社が後に株式を公開している。

当時の会員のほとんどが昭和1ケタか大正生まれ。40代半ばだった私から見ると、一回りかそれ以上の年長者が多く、何かと勉強になる例会が楽しみだった。ＲＡＤＯＣ会員だと名乗ると羨望《せんぼう》の目を向ける若手経営者もいた。

86（昭和61）年、ハイテク産業の集約を目指す日本初のサイエンスパーク「かながわサイエンスパーク（ＫＳＰ・川崎市高津区）」の運営主体となる株式会社ケイエスピーが誕生した。その設立の背景にはＲＡＤＯＣの提言もあったと聞いている。

そのＲＡＤＯＣが人材育成に乗り出し、経営者育成塾の運営に手を上げたのだ。

相模原に経営者育成塾を設立

ＲＡＤＯＣが経営者育成塾に目を向けたのには、実はこんな伏線がある。

アルプス技研の社屋を西橋本1丁目に移転した１９８５（昭和60）年、共和の旧社屋に技術研修センターを設置し、他企業や個人の受講者を受け入れたことはすでに書いたが、私はそれだけでは満足できなかった。当時、注目を集め始めていた松下政経塾に関心を持っていた私は、その起業家版としての経営者育成塾を開こうと考えたのである。

そこでまず数人の塾生を相手に細々と始め、地元相模原市に声をかけた。市も協力を快諾し、新年度からの拡張準備を進めていたところ、塾長兼講師の私の講義の様子がＮＨＫ横浜放送局の番組で取り上げられた。

それを見た県の産業振興関係の担当者から「県も一緒にやりたい」という申し出があった。年間50万円の助成金が得られ、県名の入った封筒を使用してもよいというのである。まずは経営者塾の存在を周知させることが最優先だと考えた私は、「さすがにテレビの影響力は大きいなあ」と思いながら、軽い気持ちで了承した。

行政が積極的なだけに話は早い。準備はどんどん進み、東京通商産業局（現・経済産業局）の後援や県の支援を受けて開塾が決まった。塾の所在地はもちろん、アルプス技研の旧本社ビルである。

そして88（昭和63）年4月、長洲知事らが相模原商工会議所に駆けつけ、「神奈川経営者育成塾」の開講式が催された。これこそ経営者塾が相模原市で誕生した証しだといえよう。

期間は6カ月で4月と10月に開講、毎週火曜と木曜の2日、午後6時から3時間、私を含めた50人の現役経営者が授業を行うことになった。将来経営者を目指す30歳以上を対象とし、大学教授や経営コンサルタントなどの助言を得ながら経営術を学んでいく。確か、第一期の平均は38歳くらいだったと思う。

ところが89（平成元）年7月にＫＳＰがオープンすると、県からこんな申し入れがあった。

「経営主体をＲＡＤＯＣにしたい」

「場所をＫＳＰに移したい」

こういう展開に逆らっても何の利益もない。私は「縁の下の力持ちでもよいだろう」という思いから、「相模原時代の一期生から同窓生として同等に扱う」「発祥の地は相模原とする」ことを条件に了解した。この約束は今も守られている。

私の思いの詰まった経営者育成塾の役割は「ＫＳＰ新事業マネジメントスクール」（現・ＫＳＰビジネスイノベーションスクール）に引き継がれ、無資源国日本における最大の資源である人材の育成が続けられている。しかし、ＫＳＰに移ってからは「大学院大学」を目指すという当時の講師の方々の方針もあり、「理論先行」となったように私の目には映った。実践（現場）主義から理論主義になったのだろう。この見解と当時への反省は、後に私が関わるＳＩＣ（さがみはら産業創造センター）や起業家支援財団に生かされ、何人もの起業家が誕生した。

私と登山と経営

古今東西、登山を好む経営者は多い。かく言う私もその1人である。きっかけは人それぞれだと思うが、私の場合は排気ガスとばい煙にまみれた都会から逃れ、静かな山歩きをしたい、自然を身近に感じたいという思いから始まった。

私は自然が大好きだ。自然は人を欺かない。海も、山も、川も、そして雨も、雪も、青空も、風も、全てに四季折々の風情がある。登山やスキー、旅、ゴルフ、マリンスポーツなどにチャレンジしてきたのも、自然を知り、自然と親しくしたいがためである。私が自然から学んだものを数えればきりがないが、その基本は「真理はただひとつ。それは自然の仕組みだ」ということである。自然は私と私の経営観に大きな影響を及ぼした恩師であり、中でも熱中したのが登山だ。

妻・アイ子と久住山（大分県・1786m）に登った＝1995年５月23日

上京して最初に訪れたのが奥多摩だったこともあり、しばらくは奥多摩、丹沢、道志などの山々を中心に歩いた。しかし、登山を始めた者のご多分に漏れず、私もより高度な登山技術を求めて、「わらじの仲間」という山岳会に加わった。

より困難な山へ。未知の山へ。

その欲求を満たすためにただひたすらに山へ登り、内外の名峰にも足を運んだ。そんな熱病のような時期が過ぎると、ただ単に山を歩くのみならず、地域や山塊の研究、登山の歴史などにも興味を持つようになり、その成果は紀行文や研究報告として会報や山岳雑誌に載った。

しかし、ある時期から登山活動に注いできたエネルギーを、「人と事業を育てる」会社経営へと転じていった。それは、経営に登山に通じるエッセンスを感じたからかもしれない。というのも、登山には臆病なほどの用心深さと用意周到な計画が必要不可欠である。経営も同じで、あらゆるリスクを想定して対処法を熟慮する慎重さと、綿密な事業計画が欠かせない。登山技術を磨くのに必要なのは経験であり、経営は経験と実践に裏打ちされたプロの世界である。

山での失敗は命の危険に直結し、実際、私も多くの山の仲間を失った。経営者が失敗すれば、社員とその家族が路頭に迷う。経営者として担う社会的責任はあまりに大きく、浅はかな行動や短慮は許されない。20代は体で、30代は頭で、40代は人格で働くという。25歳で起業した私は、そう思って努力し、ひたすら経営に打ち込んだ。それが一時期、本格的な登山と距離を置いた理由であり、山登りよりも経営が面白くなっていた時期でもある。

とはいえ、やはり私と山は分かち難い関係にあった。40代になってから地元の「相模山路会」に加わり、家族登山や社内のサークル「山の会」のハイキングを楽しむようになった。そして現在はＮＰＯふれあい自然塾の行事や老舗のハイキング専門誌『新ハイキング』

の名前を受け継いだ「新ハイキングクラブ（略称・新ハイ）」の相模原町田支部の会員として、初心に返り、自然とのふれ合いを求めて山歩きを楽しんでいる。

公開翌春にネパールへ

若い頃から山登りやスキーが大好きだった私は１９７３（昭和48）年の暮れ、仕事納めを済ませるとすぐ、スキーツアーのグループ旅行に加わってイタリアのチェルヴィニアへ向かった。町田に新たな事務所を構えたばかりで、オイルショックの影響は気になったが、山の誘惑には勝てない。たまの休みは登山――それが当時の私の日常だった。それに数年前、アラスカスキーツアーを計画しながら仕事上の都合で断念したため、そのリベンジの思いも強かった。

スイスとの国境、マッターホルンの麓の町で眼前にそびえ立つ威容にしばし見ほれ、翌日からはスキーざんまいで新年（74年）を迎えた。31歳の誕生日を雄大なアルプスの山々に祝ってもらった気分だった。

現地で３人連れのイタリア人学生と親しくなり、片言の英語で話していたら、急斜面を滑り降りる時速を競うスピードスキー（キロメーターランセ）の話題になった。「チェルヴィニアの大会に参加する日本人は〝カミカゼ〟と呼ばれているんだ。70（昭和

ヨーロッパアルプスを巡る。スイスのファウルホルン（2681ｍ）にて＝1997年７月

45）年に世界記録で優勝したのは日本人のＭ君で、２位も３位も日本人だった」

驚いた。こんな所で、まさか、新潟県立六日町高校の、同窓生の名前を聞くことになろうとは。確かに彼は高校時代からスキーの名選手だった。

それから第１回冬季オリンピック（24年）が開かれたフランスのシャモニーに移動し、モンブランを仰ぎ見ながらスキーを楽しんだ。ところが同年夏、妻が突然の病で急死した。私は幼い２人の娘を抱えて途方に暮れた。会社の経営環境が厳しかろうが、家計が苦しかろうが、たまの休みにも家族はそっちのけ。暇さえあれば登山に出かけていた自分を責めるしかなかった。

「これからは家族と過ごす時間を大切にしよう、登山に注いで来たエネルギーを会社経営に転じていこう」

その後、相模原青年会議所に入会してゴルフを勧められ、接待ゴルフに時間を割くようになった。ゴルフもやってみれば面白かったが、ある日、旧知の山友だちに誘われて鳥海山に登り、登山熱が再燃した。それ以来、「いつかはヒマラヤに挑戦したい」と思い続けて来た。だから96（平成８）年に株式を店頭公開し、雑誌に「アルピニスト起業家」と紹介されたことは「わが意を得た」思いであった。

株式公開を祝福する数多のメッセージの中に山仲間からのものがあった。

「記念にヒマラヤのシャクナゲを見に行ってはいかが」

私はすぐにその気になり、翌97（平成９）年４月、アルプス技研の社長を退いて会長に就任した直後に、ネパールの首都・カトマンズへ向かった。シャクナゲはネパールの国花で、ゴラパニ峠（２８９５メートル）周辺には世界最大のシャクナゲの群生地があり、手軽なトレッキングコースも整備されている。

ネパールには20種類以上のシャクナゲがあるそうで、ヒマラヤンブルーの空の下、雪をかぶったアンナプルナやダウラギリなどの名だたるヒマラヤ山群を遠望しつつ、咲き誇るシャクナゲの絶景を堪能した。これが私に火を付けた。

もう、ヒマラヤに挑戦するしかない。山が呼んでいる！　すぐにでも登りたい思いに駆られたが、登山は何よりも事前の準備が重要である。はやる心を抑えて一時帰国し、大型連休に再びカトマンズを訪れた。カラパタール（５５４５メートル）に挑むためである。

エベレスト街道に沿った尾根上にあるカラパタールは現地の言葉で「黒い岩」という意味で、黒褐色の山頂からは、北に地上で最も美しい山といわれるプモ・リ、東に世界最高峰エベレスト、南にはアマダブラム、眼下にクーンブ氷河などを眺望できる。

想像するだけで心が躍ったが、しばらく本格的な登山から遠ざかっていたせいか、身体の準備が間に合わなかった。途中で高山病を発症してしまったのだ。

しかし、ここで引き下がるわけにはいかない。

ヒマラヤ登頂に挑む

１９９７（平成９）年春、アルプス技研の会長に就任した私は、ネパールへ２度飛び、６月にはアラスカへ。そして７月にはヨーロッパを訪れ、モンブラン（４８０７メートル）、モンテローザ（4634メートル）、マッターホルン（4478メートル）、メンヒ（4099メートル）、ユングフラウ（4158メートル）の5山を巡る旅を楽しんだ。4000m級の山々に足を踏み入れ、ヒマラヤへ挑む覚悟が定まった。

帰国後、さっそく計画を立てた。春と同じくカトマンズ経由で、比較的人気の高い6000メートル級のアイランドピーク（6189メートル）に挑むというものだ。すると54歳の私の身を案じる声が上がった。しかし、もし死んだとしてもそれが私の寿命である。

9月21日に日本を発ってカトマンズへ。翌22日にプロペラ機で2840メートルのルクラへ行き、それからは毎日3時間ほどのトレッキングで高所順応を図りながら、徐々に高度を上げていった。26日の早朝、タンポチェ（3870メートル）を出発した松井隊は12名（ガイド・カメラマン・シェルパ・ポーター・コックらを含む）。それに荷運びのため2頭のゾッキョ（ヤクとウシの交雑種）、3頭のヤクを伴った。最高度にある定住村・パンボチェ（3980メートル）を経て、デンポチェ（4360メートル）に到着したのが午後2時過ぎ。途中、高山病で下山してきた2人の日本人に出会い、翌日も同じく高山病で下山する日本人女性に会った。

27日は2時間ちょっとでチュクン（4730m）まで登った。1日の高低差を500メートル以内に抑えるため、ここにテントを設営し、ガイドやカメラマンとともに近くの低山（５５００メートル）を往復した。これも高度順応のためである。

翌28日は目指すアイランドピークを眼前に眺めながら、昼前にベースキャンプ（ＢＣ・５１００メートル）に到着した。途中、気象条件が悪くて登頂を断念した10名ほどの日本人パーティーとすれ違ったが、山の天気は変わりやすい。敵は高山病だけではないのである。ＢＣは日によってテント村になるほど登山者が集中する場所だそうだが、この日は私たちのパーティーだけだった。午後はハイキャンプ（ＨＣ・５６００メートル）まで往復し、29日に同じ

アイランドピークでナイフリッジと呼ばれる場所に到達。ここから頂上へ最後のアタックをした（右は登山ガイド）＝１９９７年10月１日

ルートでHCに到達した。

体調はまずまずだったが、やはり5000メートルを超えると呼吸が苦しい。軽度の高山病の症状が出始め、食欲も少しずつ落ちていた。それでも天候を見ながら予定を1日早め、翌9月30日の登頂を決定した。

日本を発ってから10日目の9月30日、快晴ながら気温はマイナス10℃。午前5時半、ヘッドランプの明かりを頼りに岩場を登り始め、岩稜を登りきった5900メートル地点でアイゼンを付けた。いくつかのパーティーに追い抜かれたが、私たちはペースを守って氷河の上に出た。途中、動けなくなったフランス人パーティーを助けながらの前進だった。クレバスに注意しながら雪原を歩き、1時間ほどで難所のひとつとされる雪壁の基部に到着した。

シェルパの助けを借りながら一歩一歩登攀《とうはん》し、切り立った尾根に出た。限られた狭い場所なので順番待ちのような状態になり、私たちを追い抜いたものの、諦めて下山していく外国隊と入れ替わるように登頂を開始した。半年ほど前、ここから頂上を目指す稜線で日本人男性が滑落したと聞き、身が引き締まる思いだった。

12時15分。ナイフリッジ（切り立った尾根）を渡り、私たちはついにアイランドピークの頂上に到達した。モンスーン明けの、初めての登頂成功者だと知り、嬉しさが倍増した。まぶしい陽光と厚い雲が交錯する天候を気にしながらも社旗を掲げ、15分ほど大パノラマを満喫した。

山を通じて自然を思う

アイランドピークの山頂に別れを告げた私たちは、登って来たルートを戻り、15時過ぎにHCを撤収した。そこから一気にBCまで降りると、16時半頃から小雪が降り始めた。

「予定を早めて、今日、登頂して本当によかった」

心の底からそう思った。これまでに経験したことがないほど疲労困憊していたが、呼吸はずいぶん楽になり、登頂の達成感はすでに新たなチャレンジへの意欲に変わっていた。

10月1日、晴々とした気持ちでBCを撤収し、4時間ほど下ってペリチェ（4200メートル）のロッジに宿泊。久々のベッドでよく眠れた。この後はヒマラヤの名峰を一望できるゴーキョピークの登頂を予定していたが、翌日から悪天候が続きチャーターしたヘリコプターが遅れたために断念、4日にカトマンズへ戻った。

翌5日、山岳リゾートとして名高いナガルコット（2175メートル）からヒマラヤの眺

ウイルヘルム山を目指す登山口の村で地元住民と＝1997年12月

望を楽しみ、夕刻、バンコク経由で帰国の途に就いた。予定より2日早い帰国だったが、帰宅して体重計に乗ると7キロほどやせていた。

その後、現在の住まいへ引っ越しを済ませた私は、年末年始の休みを利用し、パプアニューギニアの最高峰ウイルヘルム山（4509メートル）に登った。ニューギニア島の東半分と周辺の島々からなるパプアニューギニアは地理的にはオセアニアに属すが、島の西半分はインドネシア領でアジアに属する。アイランドピークに登頂してからというもの、できれば五大陸の山々を歩いてみたいと考えていたが、オーストラリア大陸には高い山がない。そこでオセアニアでいちばん高いとされるウイルヘルム山に興味が湧いたのだ。

首都ポートモレスビーは賑やかな港町だったが、北東に分け入った山岳地帯は未開の地だった。赤道直下に広がる熱帯雨林のジャングル、その先にはヒカゲヘゴの灌木地帯が続き、素足の原住民は掘っ立て小屋か竪穴式住居のような住まいで暮らしていた。

登山ルートには色とりどりの野生のランが咲き、雄大な湖や水量豊かな滝もあった。そして高度が上がると、荒々しい岩肌が姿を現した。そこからさらに険しい岩稜を何度も登降しなければならず、山頂は直前まで見通せない。ようやく山頂を視界にとらえ、振り返ると雲と山並みが連なる絶景が広がっていた。

手つかずの大自然にいやされる一方、経済的、物質的に豊かになった国や地域で失われていく自然や人間味に危惧を抱き、改めて自然への渇望が募った。そこで今度はアフリカ大陸の最高峰であるキリマンジャロ（５８９５メートル＝ウルフピーク）を目指すことにした。タンザニア北部にそびえる憧れの名峰の名は、スワヒリ語で「白く輝く山」を意味するとされ、独立峰としては世界最高峰。治安の悪さや衛生面の不安、道路の崩落、積雪など不安を煽る情報はいくつもあったが、私の登頂意欲がそがれることはなかった。

１９９８（平成10）年2月8日、成田空港から飛び立ったツアー・メンバーは最高齢の私を含めて50代が3人。他は20代と30代の若者3人で、ケニアのナイロビからバスで国境を越え、12日に登山口のマラングゲート（1900メートル）から登頂を開始した。山小屋が完備しているコースで、登山者はシュラフさえ持参すればよい。少しずつ高度を上げて高所順応を図ったが、私は14日から高山病の兆候が出始めた。それでも15日にキボハット（4703メートル）まで登り、16日未明に頂上アタックを開始すると、50代の2人は高山病の症状がきつくて断念した。やはり難しい山なのである。

私と若者たちは午前5時50分ごろ、朝焼けの眺望が素晴らしいギルマンズポイント（5690メートル）に到着。ここでも登頂証明書がもらえるので、ガイドから下山を勧められたが、若者らの熱意に押し切られ、火口の縁をたどって最高峰のウルフピークの登頂に成功した。挑戦した6人のうち、4人が夢を叶えたのだから良しとしよう。

天候を気にしながら下山し、ホロンボハットの山小屋へ戻ったのは登り始めてから13時間後。いつの間にか頭痛も治まり、心地よい疲れと達成感に包まれて眠りについた。登頂証明書を手に帰国したのは22日。登頂の前後にサバンナの大自然を満喫した15日間の旅となった。

体調不良を克服しメラピークに登頂、社旗を掲げる（社旗の左上端を持つのが私）＝1998年４月29日

ヒマラヤを滑降―メラピークにて

次の目標はアイランドピーク登頂時に遠望したメラピーク（６４７６メートル）である。ヒマラヤのクーンブ山群に属し、他の高峰と少し離れてそびえるヒマラヤ襞《ひだ》（雪上の縦じま）が美しい山だ。高山病への懸念、長い斜面を登り高い峠を越える体力は要求されるが、技術的には登頂しやすいといわれている。そして何よりも「ヒマラヤをスキーで滑降する」という、山スキーヤーの夢を実現するのにふさわしい山である。

メラピーク登頂を計画した１９９８（平成10）年はアルプス技研創業30周年にあたり、７月には記念行事も予定していた。第

7次5カ年計画（98〜2003年）「事業領域とコア・コンピタンス（企業の中核となる高い能力）の再構築」のスタート年でもあった。

そこで4月18日に日本を出発。カトマンズからルクラ（2800メートル）までの行程はアイランドピーク登頂時とほぼ同じだが、天気が安定せず先行きが心配になった。20日にチュタンガ（3300メートル）を出発したメンバーは、私と山岳カメラマン、ガイド、プロスキーヤー、アドベンチャーレーサーの5人。ここにサーダー（シェルパ長）、コック長、クライミングシェルパ、キッチンボーイ、ポーターらが加わった。峠越えの難所が待ち受けるためゾッキョやヤクは使えず、スキー3台を含めた荷物運びは全てポーターが頼りだ。

高度順応を意識しながらトレッキングを続けたが、カルカテン（4100メートル）からは積雪が多く、雪上にテントを設営した。2カ月前に雪崩が起きて5人が遭難した沢を横切り、ザトル・オグの峠を越えてザトル・ワラ（4590メートル）に着いた所でポーター2人が体調不良で下山してしまった。その後は急な坂を下ってツェトラ（4280m）で一泊、翌23日はシャクナゲや桜草が咲き誇るタシオンマ（3400メートル）、コテ（3600メートル）まで進んだ。ところが私は24日未明から激しい下痢に襲われ、丸一日の休養を余儀なくされた。好天のせいか、早朝に3℃しかなかった気温が20℃まで上がったのには驚いた。

25日にタナ（4350メートル）、26日にベースキャンプ（BC）を置くカーレ（4900メートル）まで登った。別ルートで登ってきた日本の著名な登山家である山野井泰史さん・妙子（旧姓長尾）さん夫妻らのグループと夕食を共にしたが、キッチンボーイとポーターが高山病で下山した。

27日、私は再び体調が悪化し、食事も摂れなかったが、メンバーらはクレバスを避けながら氷河を登ってハイキャンプを徐々に上げ、28日、5800メートル地点にアタックキャンプを設営した。さらに2名のポーターが体調不良を訴えて下山したため、クライミングシェルパがポーターも兼ねることになった。

そして29日午前3時20分、私たち5人と4人のクライミングシェルパは、ヘッドランプを頼りに真っ暗なアタックキャンプを出発した。絶好の登頂日だったが、体調がすぐれないせいか寒さが身に染みた。それでも長い斜面をひたすら登り、ロープワークを駆使して最後の急な雪壁を登攀《とうはん》中に御来光を迎えた。6200メートルに達したあたりだった。不思議なもので、まばゆい陽光を浴びると全身に力がみなぎってきた。

そして9時30分、ついに6654メートルのメラピーク登頂に成功した。エベレスト（8848メートル）をはじめ、ローツェ、カンチェンジュンガ、マカルー、チョー・オユなど、8000メートル超の5座を一望できる大パノラマを、この目で見られた感激は生涯忘れられない。そして今回の最大目標は、6400メートル（ここまでスキー道具を運んでおいた）から5340メートル地点までの滑降である。

5500メートル付近まではアイスバーン、そこからはザラメ雪だった。シェルパのアドバイスで酸素マスクを付けたものの、すぐ息切れがした。休み休みながらの滑降となり、想像していた爽快さとは程遠かった。10時に下山を開始し、カーレのベースキャンプに着いたのは13時30分で、想像していたよりも時間がかかった。それでも同行カメラマンが撮ってくれた登頂・滑降写真は私の宝物である（各地の標高は当時の山行記録による）。

再びヨーロッパ・アルプスへ

メラピーク登頂に成功し、ヒマラヤをスキーで滑降するという夢を叶えた私は、30日にタナまで下り、5月2日にチャーター・ヘリコプターでゴーキョ（4750メートル）に向かった。アイランドピーク登頂時に天候不良で行けなかったゴーキョピーク（5483

何度でも訪れたいと思うヨーロッパアルプス＝1998年８月

メートル）に登頂するためである。

すでに高度順応ができており、休養も取れたため、思ったより楽に登れた。エベレストは雲の切れ間からちょっと顔をのぞかせただけだったが、それもご愛敬か。いつまで見ていても見飽きない絶景を堪能した。この日はゴーキョのロッジに泊まり、餅入りラーメンと野菜炒め、おにぎりの夕食を味わった。一人前の量を食べられたのは久しぶりだった。

３日にカトマンズに戻り、４日は休養日。５日はヘリコプター・フライトを楽しみ、６日にバンコク経由で帰国した。天候に恵まれ、無酸素で登頂できたが、高山病、雪、長い危険な斜面に体力を消耗し、限界に近い疲労を味わった。全員が無事で何よりだったが、体調不良で食事を取れない日もあったし、同行したプロスキーヤーはアタックキャンプを出た直後に下山を余儀なくされた。それに、私はこれまでに親しい山仲間を何人も失ってもいる。誰もがベテランで、いずれも信じ難い事故ばかりだ。

「なぜこうまでして登るのか」

登山者は、登るたびに自問自答を繰り返すのではないだろうか。

「社会のルールが通用しない環境に身を置きたいからか」

「自分が真のリーダーたりうることを自身に証明したいからか」

「命がけで自然のルールと闘ってみたいからか」

実際、登山を好む経営者は多く、山から学ぶことは多い。確かなのは登るたびに経営者としてのベンチャー精神は、より強靱《きょうじん》になるということである。

ともあれ、山をやらない人に山の魅力を語るのは、山登り自体より難しい。

メラピーク登頂に成功して帰国した私は、創業30周年を祝った直後の1998（平成10）7月15日、ヨーロッパ・アルプスのモンブラン、モンテローザ、マッターホルン、メンヒ、ユングフラウを巡る旅に出発した。フランスのシャモニーからスタートするコースは前年とほぼ同じだったが、19日のモンブランへのアタックでは日本人があまり訪れないコースを選んだ。深夜、濃い霧の中を出発したが、雪で視界が真っ白（ホワイトアウト）になり、頂上を目前に引き返したが、下山してみると、青空にくっきりと山頂が見えていた。思わず「レ・ミゼラブル！」とつぶやいた。しかし、それが山であり、自然なのである。

23日にスイスのツェルマットに移動し、目指すモンテローザでは昨年歩いた氷河のトレッキングを省略、ヘリコプターを利用して３５００メートル地点へ飛んだ。ここから日帰り登山に挑戦したのである。雪と岩の尾根の連続は西穂高の岩稜を思い起こさせる厳しさだったが、10時35分に登頂に成功した。

休養日をはさみ、26日から２日がかりで憧れのマッターホルンを目指した。遠くツェルマットの街の夜景を見下ろしながら３分の１ほど登ったあたりで天候が急変、あられ混じりの雪に見舞われ、下山を余儀なくされた。残念だったが、翌朝、雲間にそそり立つマッターホルンは、下の方まで雪化粧に覆われた威容を見せていた。この絶景を見られたことでよしとしよう。

29日はツェルマット西部のテオドールパスで夏スキーを楽しみ、31日にメンヒにアタック。モンテローザの稜線より楽に感じたが、風が猛烈に強かったため、ガイドの判断で中止になった。翌8月1日に気を取り直してユングフラウに挑むが、またも悪天候で中止になってしまった。

それにしても、ヨーロッパのガイドは休まず黙々と歩くのが常で、どの山でもほとんど休み無しで歩かされた。それは「QuicK is Safety＝早いことは安全」だという考え方に基づいているそうだ。長時間、速いペースで歩くことがヨーロッパ・アルプス登頂に成功する条件で、1間毎に休みを取る日本人の山歩きとはだいぶ違う。これもお国柄だろうか。

さて、山の天気の急変ぶりと怖さは熟知しているが、このままでは気が収まらない。そこで帰国予定の4日まで、グリンデンワルトを拠点とするトレッキングコースをいくつか歩いてみることにした。中でも新設されたばかりの「アイガートレイル」はアイガーの絶壁の下を歩く、眺望のよいルートだった。まだ訪れるハイカーも少なく、静かな山歩きを楽しめた。

目指した5峰のうちで登頂できたのはモンテローザのみだった。私は容赦のない自然に真っ向から対峙し、究極の解放感を味わったという幸福感と、自然の厳しさにはね返された無念さの両方を胸に、複雑な思いで帰国の途に就いた。

ＳＩＣの初代社長に就任

おっと、私に山の話をさせたらきりがない。このあたりで第二の経営者人生に話題を戻そう。

アルプス技研の会長に就任した私は１９９９（平成11）年2月、ベンチャー企業創設の一助になることを願って『めざせ日本のビル・ゲイツ　起業の心得』（産業能率大学出版部）を出版した。理論先行で行動を起こせないインテリより、リスクを恐れないチャレンジ精神旺盛な「たくましいベンチャー起業家」の必要性を痛感していたからである。

ほぼ時を同じくして、相模原市に第三セクターとして「さがみはら産業創造センター（ＳＩＣ）」が誕生した。新しい産業の創造と中小企業の新規事業展開を支援する株式会社で、私は初代社長への就任を要請された。

ＳＩＣは95（平成7）年3月に相模原市がまとめた産業振興ビジョンに沿ったもので、98（平成10）年2月、同市が国の「広域京浜地域」に指定されたのを機に産学公連携による共同研究支援施設の整備計画が具体化した。翌99（平成11）年2月、新事業創出促進法

さがみはら産業創造センター（SIC）の起工式で。手前から私、小川勇夫・相模原市長（当時）＝1999年９月８日

により、橋本地区周辺が高度研究機能集積地域の指定を受けたことでセンターの整備環境が整い、相模原市西橋本（現・緑区）でインキュベーション（起業支援）施設の管理運営、新規産業の支援、新ビジネスの企画立案、人材育成、研修などを手がけることになったのである。

そして、相模原市、地域振興整備公団（現・中小企業基盤整備機構）、相模原商工会議所や民間企業の出資により、同年4月20日にSICが設立された。私が社長に就任したのは当時の小川市長が民間人の登用にこだわったからで、市長は「それが実現できないならセンターの立ち上げを断念してもいい」とまで考えていたそうだ。

当時、「起業家支援」「ベンチャー育成」という言葉を聞かない日はないほど、類似の施設は全国に次々と誕生していた。

「このセンターを、相模原という地域にある産業全ての可能性を広げるランドマーク（象徴的存在）にしたい」

小川市長のこの言葉に私は強い共感を覚え、私が自身の使命と考えてきた「企業内外における起業家（アントレプレナー）育成」を実行する場になると感じた。当時は「全国の三セクのうち、経営が順調なのは2割前後だ」と言われており、条件は厳しいものの、1人でも成功者がいる限り、諦めない覚悟で社長を引き受けたのである。

そして同年5月6日、会社設立記念式典を催し、7月にフォーラム、11月にビジネスプランの発表会を開催した。また、当面の運営資金を確保するため、同年に地元企業や地域金融機関を対象に第三者割当増資を行った。

創業間もない企業向けのスモールオフィスやラボ施設を備えたセンターの建物は2000（平成12）年4月に完成し、入居の第1次募集には1・9倍の申し込みがあった。ベンチャー精神が旺盛な若い経営者が多く、起業家社会の到来を予感させた。

第二の経営者人生へ

アルプス技研は２００４（平成16）年12月1日に念願の東京証券取引所第１部への上場を果たし、翌年、社団法人日本経済団体連合会（経団連）に入会した。私は創業者としての責務をおおむね終了したものと考え、06（平成18）年３月の株主総会で取締役会長退任を公表した。

こうして私は63歳で経営の第一線から離れ、「創業者　最高顧問」となった。そしてコーポレートガバナンス（企業統治）や社会的責任（ＣＳＲ）の重要性を意識した企業活動の質や意義が問われる時勢の中、特定非営利活動法人（ＮＰＯ）や財団法人などが存在感を増してきたのに注目し、「第2の経営者人生」の中心となる組織を設立した。

一つは「ＮＰＯふれあい自然塾」（06年11月設立）、もう一つは「財団法人起業家支援財団」（07年3月設立）である。それぞれの詳細は後に記すが、私にとってはアルプス技研の創業35周年を機に掲げた新たなキャッチフレーズ「人が未来―Ｎｅｘｔ　Ｔｅｃｈｎｏｌｏｇｙ　Ｆｒｏｎｔｉｅｒ」を社外で実践する場となるものであった。

これより前、１９９６（平成8）年に株式公開を成し遂げ、創業者利益を手にした時から、社の内外の人材育成に私財を投じてきた。そのきっかけとなったのは、多摩大学大学

宮城総合研究所を通じて学生起業家支援を実践していた縁で、宮城大学で講義を行う＝1999年６月

院で私の修士論文の指導教授だった野田一夫先生との出会いである。野田先生は多摩大学の初代学長(後に同大名誉学長)であり、その後、県立宮城大学（現在は公立大学法人・宮城県黒川郡宮城町）の設立に関わって初代学長となった。

宮城大は97（平成９）年４月、「看護学部」と「事業構想学部」の２学部でスタートしたが、後者は日本では初めての試みではなかったかと思われる。野田先生は学長として「大学の知的財産を地域社会に役立てよう」と、大学の事実上の付属機関である財団法人宮城総合研究所を設立した。私は「ベンチャーの支援と育成」を掲げた理念に賛同し、財団の基本財源と起業家を目指す学生への奨学金の基金として、1億円を寄付することを決断した。こうして「若者を応援し、次の社会を創る起業家を育てよう」との思いから、「松井起業家育成塾」と、1人月額20万円（年間240万円）の「松井奨学金」が誕生した。

審査に特段の条件は付けないが、最終的な人選は私が行うことにした。奨学生をわが子と思って、一緒に食事をしたり、ハイキングに出かけたり、サウナに入ったり、日常的な接触を保ちつつ、実践的な育成に取り組んだ。奨学生の動向を見守り、ベンチャー育成という目的に反する使い方をされたらすぐに打ち切るつもりだった。ちなみにアルプス技研4代目社長となった池松さんは当時、日本航空から出向して宮城総研事務局長を務めていた人である。

宮城総研は、理事にアイリスオーヤマ、カメイなど、地元の有力企業や金融機関が名を連ねており、地方活性化への期待も膨らんだ。残念ながら組織的に未熟で長続きはしなかったが、それでも4年間で採用した奨学生23人のうち12人が実際に起業にこぎつけた。これはなかなか優秀と言ってよい。私はこうした起業家支援に確かな手応えを感じた。

起業を通じ地方創生

私は63歳から第2の経営者人生を歩み始めたが、それ以前から『広く社会の支持を得て事業活動を行い、会社を成長させた経営者は次世代の起業家を育てなければならない。それが経営者としての社会的責任の一つ』だと考え、行動してきた。例えば株式公開によるキャピタルゲインや役員退職慰労金などの私財を、社内外の人材育成やベンチャー育成に投じ、2000（平成12）年3月からは経済産業省が創設した「創業・ベンチャー国民フォーラム」（江崎玲於奈会長）の幹事を務めることになった。

すると01（平成13）年5月、同団体の起業支援部門の顕彰委員会の審査を経て、私は最高賞の「第1回経済産業大臣賞」を受賞した。さがみはら産業創造センター（SIC）におけるインキュベーション（起業支援）、創業後間もない企業への個人投資、学生起業家への奨学金提供や起業家教育活動などが評価されたものである。

そうした活動を続けていた03（平成15）年、政府が企業誘致や創業支援、人材育成などを通じて地域産業起こしに努める人を応援するため、「地域産業おこしに燃える人」32人を選定した。神奈川県からは、私と岡崎英人さん（社団法人TAMA産業活性化協会事務局長／相模原市）、佐藤一子さん（NPO法人ソフトエネルギープロジェクト理事長／横浜市）の3人が選ばれた。

当時の小泉首相は「三位一体の改革」による地方分権を推進中で、その一環として「燃える人」の努力や経験を周知させ、新たなネットワークを構築し、地域社会の発展につなげようと考えていたようだ。その後、当初の選出者が会を作り、政府の了承を得て第2期36人、第3期44人を追加で選出し、会はNPO法人（現名称「地域産業おこしの会」）となった。私は現在もその会長を務めており、「ベンチャー育成を通じた地方創生」は私にとって最も重要なテーマの一つである。

自然が育む自立精神

経営の第一線から退いて間もない2006（平成18）年11月、私は内閣府認定のNPO法人「ふれあい自然塾」を立ち上げ、理事長に就任した。NPOとは「非営利組織」または「非営利団体」のことで、「特定非営利活動促進法」のもと、様々な活動を通じて社会的な使命の実現を目指す社会貢献（ボランティア）を行う団体で、事務局はアルプス技研第2ビル（相模原市西橋本1丁目）にある。

私自身は自然から多くを学んだと自負しているが、昨今は自然とふれ合う機会が失われ、

アウトドア体験が中心の「ふれあい自然塾」で奥日光を訪れた時の１コマ＝2020年９月

人と人とのふれ合いが減り、子どもたちや高齢者同士のコミュニケーション能力が低下していると感じたことがきっかけだ。ならば自然とふれ合うことで、人間本来の姿を取り戻せるのではないか。

そこで、「自然の中での体験を通じて自然の恵みや社会の恩恵を感じ、協調性や自立心、責任意識やサバイバル能力を高め、環境保全への理解を深める場が必要だ」と考えた。つまり、自然とのふれ合い、人と人とのふれ合いを通じて生きることの大切さを体感できる「情操教育の場や人間同士のふれ合いの機会を提供したい」というのが出発点である。

具体的には里山や川辺の散策、タケノコ、サツマイモ、サトイモ、ミカンなどの収穫体験、山野草観察や渓流釣りを兼ねたハイキング、古道の探勝、野外調理体験など、四季折々のアウトドア活動や高齢者が交流する場作りが中心だ。対象は小学生以上で、親子での参加も多い。イベントの内容にもよるが、原則として毎回20人程度の少人数で、スタッフの目が十分に行き届く範囲で安全に配慮して実施している。

効果はすぐ現れる。例えば家では刺身や切り身の魚しか食べたことがなかった子が、キャンプでは自分で魚を獲り、自分でマッチを擦って炭火を熾し、こんがり焼けた魚を骨だけ残してきれいに食べきった。しかもマッチを擦ったのは、この日が初めてだったという。

「子どもにとっても、高齢者にとっても、個人ではなかなか体験できない貴重な場となった」

「引きこもりがちだった子どもの笑顔が久々に見られた」

「すぐ疲れたと座り込んでしまう子が、険しい山道をしっかり歩いたので驚いた」

「幼児でも参加できるプログラムがあり、一日参加しただけで成長を感じられた」

「幅広い世代の人と、自然を通して交流できて楽しかった」

企画の立案、現場の下見、参加者の募集、協力事業者との調整など、実施までのハードルは高いが、参加者からこうした声が寄せられると、スタッフ一同もっと頑張ろうという気持ちになる。一連の活動はＮＰＯ本体の広報活動に加え、参加者の口コミで広まり、年々参加者も増えていった。近年はコロナ禍で中止や縮小が相次いだが、コロナが５類に移行になった23（令和５）年になり、ようやく以前の活気が戻ってきた。10月、江の島で４年ぶりに開催した地引網体験（協力・地曳き網「殿網」）とバーベキューには１６７人もの参加があり、大きな魚を目の前にした子どもたちの歓声がこだました。そう、これが人間本来の姿であり、これこそがふれ合いなのだ。

「起業家精神を育てる最良の教師は自然」であり、経営には「自然科学的視点と考察、発想が大切だ」。私はそんな思いで「ふれあい自然塾」の活動を続けている。

財団を設立して創業を支援

２００７（平成19）３月、私は財団法人「起業家支援財団」を設立して理事長に就任した。社会貢献の一環としてアルプス技研の株式の一部を寄付し、その配当益などで起業家支援・育成事業を行うためである。

具体的な活動内容は、起業を目指す学生への奨学金の給付、新規創業や第二創業に挑戦

起業家支援財団10周年の記念交流会で起業家育成に注いだ熱意の成果を実感＝2016年11月２日

するベンチャー起業家向けセミナーの開催、コンサルタント業務、起業家精神やチャレンジ精神を身に付ける教育など。当初は新横浜（横浜市港北区）に事務所を置いた。

同年11月にはその弟分としてより広範に創業支援を行う「ＮＰＯ創業支援機構」を設立した。支援財団は09（平成21）年９月に交通の便のよい横浜市中区の神奈川中小企業センタービル内に移転し、10年４月に公益認定を取得したが、支援機構は業務内容を精査して財団に引き継ぎ、清算した。支援する側もスタートアップ企業と同じで、試行錯誤の繰り返しだ。結果的に支援事業は「公益財団法人起業家支援財団」に一本化することになった。

その後は起業家にオフィス環境と新規事業創造の場を提供する「関内フューチャーセンター」の開設、社会起業家育成を目的とする神奈川県からの受託事業「ＹＳＢ（横浜ソーシャルビジネススクール）」の運営、ベンチャー起業家と経営者をつなぐフォーラムの開催、内閣府からの受託による地域社会雇用創造事業などを手がけた。また、14（平成26）年度からは従来の学生起業家に加え、創業から３～４年程度のアーリーステージにある若い起業家も支援対象に加え、支援の幅を拡大していった。

財団設立10周年の17（平成29）年までの間に９期・約２５０人に奨学金を支給し、その中から45名が起業を果たしたことは私の誇りでもある。しかし、起業後におよそ3分の1が挫折したこともまた残念な事実で、経営を志す者はもっと粘り強くあってほしい。

若き起業家たちと

起業家育成支援財団設立の構想を練っていた２００３（平成15）年、多摩大学の同窓会会長（当時）の鈴木信夫さんと知り合った。学部と大学院の合同同窓会を開くため、大学院の同窓会長を務める私に相談しに来たのだ。

若い起業家たちと宮古島で釣りを楽しむ。前列が田坂正樹さん（左）と私、後列が野坂英吾さん（左）と鈴木信夫さん=2005年

　鈴木さんは特殊なめっき加工処理技術を持つ千代田第一工業株式会社（東京都狛江市）の3代目社長である。アルプス技研の取引先の一つである東京航空計器株式会社（東京都大田区）の池田取締役（当時）と面識があると分かり、話が弾んだ。

　これがきっかけで、鈴木さんからリユース事業を手がける株式会社トレジャー・ファクトリーの野坂英吾さんを紹介された。当時の野坂さんは創業から8年。経営上の悩みを私に相談するよう鈴木さんに勧められ、私の別荘がある北海道・上士幌《かみしほろ》町《ちょう》の糠平《ぬかびら》温泉まで訪ねて来た。

渓流釣りに誘うと、初対面の私への遠慮もあって、私が釣った後のポイントで釣り糸を垂れる。これでは釣れるわけがない。私がビジネスを釣りに例えてあれこれ話すと、彼はうなずきながら聞いていた。

その後は釣ったオショロコマ（カラフトイワナ）やアメマス（エゾイワナ）を塩焼きにして冷えたビールで乾杯し、起業家精神や経営について、特にピンチに直面した際の経営について語り合った。

同じ頃、鈴木さんを介して多摩大学卒業後に起業した田坂正樹さんとも知り合った。私は彼ら3人とは親子ほども年が違うが、その後は渓流釣り、ハイキングなどを一緒に楽しむようになった。また、意欲的な起業家の交流の場である「未来研究会」の会員として年に数回、経営上の相談に乗ったり、未来の経営論を語り合ったりしている。

トレジャーファクトリーは07（平成19）年に東証マザーズに上場（現・東証プライム市場）しており、こうした縁から、鈴木さん、野坂さん、田坂さんの3人には起業家支援財団の評議員を依頼し、野坂さんにはアルプス技研の社外取締役も務めてもらっている。起業家精神に富む彼らは今後、私と同じく、若い起業家を育てる側として活躍してくれるだろう。

起業家を育成して地方創生

私は90年代後半から宮城総合研究所で学生起業家を支援してきた。それはこんな持論に基づいたものである。

「どこの大学にも就職相談室はあるのに起業相談室はない。就職部長がいるのに、起業部長がいないのはおかしい」

そもそも「就職」という言葉自体が受け身ではないか。就職難を嘆くなら自ら事業を起こせばよいし、雇用の促進を言うなら企業を増やせばよい。その思いは起業について話す機会が増えるにつれ、ますます強くなった。

そこで宮城大学を含め、これまでに国内外の7大学に、起業を目指す学生を対象とした「松井奨学金制度」を設置してきた。また、アルプス技研が中国に海外拠点を設けた時、私は青島科技大、延辺大、中国石油大、吉林大など、中国の6大学で講義を行う機会があった。国内でも早稲田大、長崎大、筑波技術短期大、武蔵大、多摩大、産業能率大など、多くの大学やセミナーで講師を務めた。起業家が成功するためのノウハウについて問われることも多く、改めて考えてみると、経営者の嗅覚とも言うべき「勘と慣と感」を磨くことが大切なのだと思い至った。

2023年８月、地方創生で私が応援する首長たちとの懇親会を十勝川温泉「大地の匠」で開催。左から今村・アルプス技研社長、竹中貢・上士幌町長、本村賢太郎・相模原市長、米沢則寿・帯広市長、私

大ざっぱに言うと「勘」はひらめき、「慣」は経験、「感」はセンスや感性で、その根源は「心」に関わり、これらは周囲を観察し、自分を客観視する「観」によって磨かれる。

企業内外においてアントレプレナー（起業家）を育てることを使命と考えてきた私は、愛情と厳しさを持って自分の知見を惜しみなく伝えるとともに、学校教育の場でも自己発見を促し、異端児を育てるような多様な教育を勧める必要があると考えている。近年ようやく起業支援に積極的な大学や教育機関が増えてきたが、まだまだ足りない。

こうして社内外の人材育成やベンチャー育成に取り組み始めた私は、２００２（平成14）年に岩手県北上市の工業振興アドバイザーに、08（平成20）年に北海道上士幌町のまちづくりアドバイザーに就任した。北上市は妻の出身地であり、上士幌町には三女一家が住んでいた。するとO7（平成19）年、内閣府が地方創生事業の一環として地域の活性化に意欲的に取り組む地域に、地域おこしの専門家を紹介する制度を立ち上げた。そしてこの専門家を「地域活性化伝道師」と名付け、私もその1人に選ばれた。地方の活性化が低迷を続ける日本経済を浮揚させる起爆剤になるという期待があったからだ。

しかし、地方の活性化は歴代政権が力を入れてきた重要課題であるにもかかわらず、十分な成果が上がっているとは言い難い。しかも人口減少が地方の衰退を加速させている。では、どうしたらよいのか。私は起業家育成支援を通じた優秀な起業家（創業者）の誕生こそが、地方の活性化、産業振興につながると考えている。

そのためには、起業の夢を語るイベントから始め、奨学金、起業塾、事業創発拠点（インキュベーションセンター）の整備、アーリーステージ企業への助成金などの起業家育成支援と、Uターン・Iターン・お試し移住体験を通じた地方の認知度向上、移住環境の整備、企業誘致、移住者と地元住民の交流促進、子育て助成金の拡充など、定住者の増加と定着化を促す施策が車の両輪のように機能することが重要だと思う。中でも事業創発拠点は起業家育成の場であるだけでなく、新旧住民の交流の場や移住者の雇用の場としても活用できる。

人材育成を地方創生にどう結び付けるか、地方の知恵と実行力が問われている。

ベンチャースピリットに共感

私が「地方創生」というテーマに出会い、人生を賭ける価値があると感じたのは２００３（平成15）年のことである。政府が選定した「地域産業おこしに燃える人」に選任された時からだ。以来、あらゆる機会をとらえ、起業や創業を通じた地方活性化に取り組んできた。

しかし、時間も資金も無尽蔵ではない。そこで現在は創業の地である相模原市、生まれ故郷の新潟・南魚沼市、北海道・十勝地方の３カ所を中心に継続的な支援を行っている。

帯広市や上士幌町など19市町村からなる十勝との縁は、上士幌町の竹中貢市長、帯広市の米沢則寿市長と面談する機会を得て、地域の未来構想をうかがった時に始まる。地域の８割が山林と原野で降雪も多いこの地を私は大いに気に入り、上士幌町の糠平温泉に別荘を建て、地元の人達と親しくなるにつれ、旺盛な開拓精神（ベンチャースピリット）に魅了された。

かみしほろ起業塾で講義を行う＝2018年７月

北海道の歴史は開拓の歴史だ。道内の多くが官主導の屯田兵によって開拓されたのに対し、帯広を中心とした十勝地方の開拓は、民間開拓会社「晩成社」によって進められた。十勝の人たちはこの史実に強烈な誇りを持っており、彼らのＤＮＡに埋め込まれた開拓精神は、ベンチャースピリット（挑戦する心）、アントレプレナーシップ（起業家精神）そのものである。

「食」と「農林漁業」を柱とした地域産業政策〝フードバレーとかち〟を旗印に、十勝・帯広の未来像を熱く語る米沢則寿帯広市長ともすぐに意気投合した。帯広市出身の米沢さんは投資ファンドで要職を歴任した後、10（平成22）年の市長選で１３８

票差の激戦を勝ち抜き、現在（2024年春）4期目である。

何度も十勝を訪れ、現地の人々と交流を深めた私は、07（平成19）年に設立した公益財団法人起業家支援財団（横浜市）と、公益財団法人とかち財団（帯広市）の合併を提案し、18（平成30）年4月に実現にこぎつけた。

とかち財団の前身は、十勝地域の産業振興と地域活性化のため、1993（平成5）年に設立された「財団法人十勝圏振興機構」である。2013（平成25）年に公益財団法人に移行し、名称を「とかち財団」と改めていた。設立の時期や場所に隔たりはあるが、起業家人材の育成を通じて地域活性化を目指すという点で、両財団は同じ方向性を有していたからである。

基本財産は起業家支援財団の方が多かったが、私は十勝の人々の開拓精神に敬意を表し、存続法人は「とかち財団」とし、帯広市内の十勝産業振興センターに本部を置いた。

主な事業は学生起業家・青年起業家の支援、創業間もない企業のための起業支援金助成、新事業を創発するための調査研究費の助成などで、十勝産業振興センターを活用した情報技術支援、北海道立十勝圏食品加工技術センターを活用した食品技術支援などのビジネスサポートも行っている。

事業創発支援拠点として新たに開設した「LAND」は、スタートアップ支援スペースとして活用され、事業加速支援プログラム「トカチコネクション」、各種の補助金やLAND奨学生の受付窓口としても稼働中だ。開かれた起業拠点である「LAND」への注目度は高く、各地から多くの視察者が訪れている。

なお、財団合併当初の財団理事長は長澤秀行さん（現・帯広畜産大学長）で、その後は同大の元理事・副学長である金山紀久さんが務めている。

わが夢を育てる投資

私は株式を店頭公開して創業者利益を手にした1996（平成8）年、妻のアイ子とともに日本赤十字社への寄付を行った。その後も、国連難民高等弁務官事務所（UNHCR）、日本ユニセフ協会、国際協力NGOワールド・ビジョン・ジャパン、NPO国境なき医師団日本などへの寄付を重ねて何度も紺綬褒章を受章する一方、起業家育成と地方創生に私財を投じるようになった。

ただし、私の寄付は原則として「使途指定」である。それは「自分の夢を育てるための投資」だと考えているからだ。「夢」とは、起業家育成と地方創生を車の両輪として、少

十勝における起業家支援や新事業創発の支援のための寄付を行い、米沢則寿・帯広市長から褒状を贈られる＝2019年10月28日

子高齢化と人口減少に直面している地域社会の活性化に貢献することであり、成功すればリターンが得られることも期待している。それが起業家の発想であり、経営者としての私の信念である。

たとえば、アルプス技研創業の地であり、今も暮らす相模原市には「相模原市青年起業家育成基金」や「中山間地域対策事業」などの支援や寄付を行ってきた。また、故郷の南魚沼市には、起業家育成や田園都市構想の推進に役立ててもらうための寄付を行っている。市はこれを原資として、新事業を行う際の調査研究費を補助する「チャレンジ支援事業」や起業の拠点となる「事業創発拠点ＭＵＳＵＢＩ　ＢＡ」をＪＲ六日町駅に内に整備し、すでに起業の芽が出始めている。

一方、「とかち財団」を通じて地方創生、地域活性化を支援してきた北海道十勝エリアの大樹町では、商業宇宙港（北海道スペースポート＝ＨＯＳＰＯ）プロジェクトが進行中で、民間による「宇宙ビジネス」への気運が高まっており、アルプス技研は２０２１（令和３）年から「企業版ふるさと納税制度」を利用した寄付を行っている。

これは会社としての寄付行為だが、ＨＯＳＰＯ施設を拡充するハード整備（航空公園機能拡充事業）と、町内の宇宙関連企業へのサポートや航空宇宙に関する普及啓発などのソフト支援（航空宇宙関連ビジネス推進事業）に対するもので、使途が明確であることが重要だと考えている。

日本の寄付文化の規模は小さく、特に個人の寄付は少ない。それでも被災地支援に多額の募金が集まるように、寄付は社会課題の解決にとっては欠かせない重要なリソースである。起業家が育ち、地方が活性化し、企業や個人による寄付文化が育てば、さらなる好循環が生まれるのではないだろうか。

若く、起業意欲のある人は、地方にいても国内に満足せず、常に未来を見て、世界規模の発想をしてほしい。起業家は過去に学び、現状を分析・理解し、常に先を読む。その「未来構想」への投資を、私は『使途指定の寄付』という形で実行しているのである。

今後も相模原市や南魚沼市とその周辺地域、十勝と、新たに支援を始めた新潟県の小千谷市を中心に、これまで培ってきたノウハウや成果、課題を共有し、地方創生を加速していくつもりだ。

これからも未来志向で

私がアルプス技研の会長から退き、最高顧問に就任したのは２０１９(平成31)年３月のことである。起業家・経営者として新たなステージに進んだはずのその年末、中国で新型コロナウイルス感染症が確認され、瞬く間に世界中に広がった。

毎日の暮らしが変わり、働き方が変わり、往来が途絶え、人と人との関わり方が変わった。誰もが経験のない日常にとまどっていた。そんな中でも「農業や介護事業の分野で新たな人材派遣市場を創出する方針を貫いた」のは、新たな高齢者施設の構想を温めていたからだ。

介護保険制度が導入されてからおよそ20年、介護付き優良老人ホームの運営や訪問介護

「ふれあいの杜　さがみ湖」の屋上から湖を望む＝2024年２月

事業を手がけてきたが、少子高齢化に歯止めがかからず、単身高齢者が増加する現状を踏まえ、何が問題なのか、何かできないか、考え続けてきた。それは、自分ならどんな施設に入居したいかに思いを巡らせることでもあった。

「まだ元気なうちに入居でき、入居者同士で交流を深め、将来、介護が必要になったら同じ施設の別のフロアに移動し、慣れ親しんだ場所でそのまま生活できる」

これこそ、「未来型の高齢者施設」ではないか。われながら良いアイデアだと思ったが、調べてみると、「サービス付き高齢者住宅」（サ高住）と呼ばれる施設がすでにあることを知った。同じようなことを考える人はいるものだ。

高齢者施設には様々な種類があり、いわゆる「介護付き有料老人ホーム」のほとんどは利用権方式である。介護サービスや生活支援サービスを終生利用できるが、入居費用が高額になってしまうのだ。それに対して「サ高住」は賃貸借方式で入居費が抑えられる。つまり、入居時に浮いた資金を、生活を楽しむ費用に充てることができる。アクティブシニア向けの賃貸住宅に、必要に応じて生活支援や介護サービスが付帯するイメージである。

そこで市街地ではなく、自然に親しめる立地を探し、23（令和5）年の春、ようやく相模湖の近くで適地を見つけた。相模湖はもちろん、高尾山や城山が近く、ハイキング、テニス、ゴルフ、釣りなど、近隣で楽しめるレジャーも豊富だ。入居者同士が誘い合わせ、生きがいを感じられる生活を送るのに最適の場所に出会えたと思う。

こうして設立したのが「サービス付き高齢者住宅　ふれあいの杜　さがみ湖」で、私がNPOの「ふれあい自然塾」に私財を寄付して施設を建築し、アルプス技研グループの株式会社アルプスケアハートが運営を担う。

鉄筋コンクリート5階建てで、屋上部分にはバーベキュースペースを設け、敷地内に家庭菜園を開く。4階と3階はキッチン、バス、トイレ付きの居室とコミュニティスペース、

2階は介護事業所と介護が必要な人の居室、それと浴室。1階はラウンジ、トレーニングルームなどで、レストランは眺望のよい4階に置くことにした。居室はもちろん、入居者同士でコミュニティを築き、孤独感やさびしさと無縁の日々を過ごせるような設計を心がけた。

私がここ何年も思い描き、構想を練ってきた〝未来型シニアハウス〟は24（令和6）年2月に竣工し、利用者は5月から入居していただける予定となっている。

また、「ふれあいの杜　さがみ湖」の建設主体である「ふれあい自然塾」では、22（令和4）年から新たに「松井奨学金」事業（月額3万円）をスタートさせた。対象は大学生、専門・専修学校生で、経済的な理由で進学を迷ったり、就学継続が難しくなったりした若者をサポートするためである。これまで各地で実施してきた「起業家育成」の奨学金とは一線を画すが、学ぶ機会さえあれば人は必ず成長でき、未来を思い描けるようになる。だからこれも、私の「未来への投資」なのである。

妻がいて娘らがいて

ここまで会社の成長の軌跡とその間に直面した数々の困難、起業家育成と地方創生に打

私を支えてくれた大切な家族と自宅で。後列左から長女・岳美、次女・由香、私、三女・千穂、妻・アイ子。前列は孫たち=2016年１月

ち込んだ人生を書いてきたが、それを支えてくれたのは家族である。

特にありがたみを感じたのは２０08（平成20）年に胃がんが見つかり、胃の３分の２を切除した時だ。手術は問題なかったが、インターンの術後処置にミスがあって腹膜炎を併発してしまった。一時的に重篤な状態に陥ったが、何とか持ちこたえられた。山登りで鍛え、自然に親しむ中で培われた基礎体力のおかげだと思う。

翌09（平成21）年には国の難病に指定されている頸椎《けいつい》後縦靱帯《じんたい》骨化症の手術を受けた。脊柱管前方部にあ

る後縦靱帯が骨化して神経根を圧迫するため、私の場合は右手と左足にしびれや痛みが起きた。症例が多くないと聞いてメスを入れることに尻込みしていたが、もう手術しかないという状況になってしまった。幸い手術はうまくいったが、いまだに指先のしびれ、冷えや痛みなどの症状に悩まされている。

病気になって頼れるのはやはり家族で、この時も妻や3人の娘たちに励まされた。

長女・岳美は玉川学園短期大学卒業後に「資本主義の本場で学びたい」と渡英し、オックスフォード・ブルックス大学で経営学修士（ＭＢＡ）を取得した。会社経営や起業に興味があるのかと思っていたが、大学の同級生のドイツ人と結婚し、現在はドイツ住まいで、小学生の男児が2人いる。

次女の由香は中学卒業後にカナダの学校に進み、ワーキングホリデーを利用してオーストラリアで働きながら秘書科に通い始めた。いずれ私の秘書でもしてくれるのかという期待は外れ、カンタス航空日本法人の役員秘書となり、北海道のニセコで通訳や旅行者のサポート業務に就いた。その後は札幌で通訳などをしていたが、近くこちらに戻って来るらしい。

三女・千穂は北海道上士幌町の職員と結婚し、3人の子に恵まれた。長男は札幌の日本医療大学、長女は大阪の関西大学の政策創造学部、次男は中学生だ。現在は次男と上士幌で暮らしているが、夫の中田はその後アルプス技研に転職した。

しかし、5人の孫の成長を楽しみにしていた妻・アイ子はもういない。10年ほど前に乳がんを発症して手術を受け、5年が経過して一安心したものの再発した。

寄付口座やビジネスプランコンテストを実施してきた武蔵大学（東京都練馬区）の高橋徳行学長から感謝状を受け取る。この翌春、名誉博士号を授与された＝2022年7月

後から考えれば、今度もすぐに手術をすればよかったのだが、最初の手術と抗がん剤治療がよほどつらかったらしく、アイ子はたまたま勧められたマイクロウエーブによる治療を選んだ。根気よく3年ほど通院したが、次第に体調は悪化し、相模野病院を受診した時にはステージ4と告げられた。

「もって1年」と診断されたアイ子は多忙な私に面倒をかけまいと、三女と孫がいる北海道へ転院し、22（令和4）年11月に亡くなっ

神奈川文化賞受賞お祝い会＝2023年12月

た。

「医学がどんなに進歩しても医者に分かっていることは人間の1割もない」

医師から48年前と同じ言葉を再び聞くとは思わなかった。

帰宅してもアイ子の笑顔が見られない暮らしは、想像していたよりも寂しい。日々忙しいことだけが救いとなっていた23（令和5）年の春先、武蔵大学（東京都練馬区）から「名誉博士号」を授与された。

もう20年以上も前、経済産業省の「創業・ベンチャー国民フォーラム」の幹事を務めた時、国民生活金融公庫総合研究所の研究員だった高橋徳行《のりゆき》さんと知り合った。その高橋さんが武蔵大学経済学部教授（現在は同大学長）に就任されたことから、アントレプレナーシップを学ぶ寄付講座やビジネスプランコンテスト（大賞は松井利夫賞）の実施に協力してきた。その積み重ねが評価されたのである。

そして神奈川新聞の「わが人生」の連載を終える頃、「神奈川文化賞」受賞の知らせが届いた。「文化賞」と聞いて意外な気もしたが、同賞の「産業」分野においての受賞とのことである。振り返れば、起業家、経営者として事業の拡大に努めた半生を糧に、その後は「地方創生のためには、地域で次世代の起業家を育てることが重要」だという持論を各地で実践してきた。それがこうした形で評価されたことは素直にうれしい。

名誉博士号も、神奈川文化賞も、アイ子がいたら、どんなに喜んでくれただろうか。どんな言葉で祝ってくれただろうか。残念ながら今の私にできるのは、長く私を支えてくれたアイ子への感謝の思いを、毎日朝夕に霊前で伝えることと、ここに記すことだけである。

アイ子、本当にありがとう。

これからはアイ子への感謝の気持ちとして、アイ子が生前取り組んでいた医療関係の福祉活動、たとえば病児とその家族を支える活動や医療機器の更新支援にも、できる限り貢献していこうと思っている。

今は長く私を支えてくれたアイ子へ、ただただ感謝するのみである。

おわりに

―人こそ未来と信じて―

新聞連載という形でこれまでの「わが人生」を省みたことは、私がこれまで経営者人生を歩んでこられた理由を改めて考える機会となった。

まず言えるのは、私に何か特別な力があったわけではなく、それどころか卓越した能力も資金力もなかった。ひたすら地味に努力した結果、向上心や、批判に耐える忍耐力が養われたと思う。周りの人に恵まれ、運もよかった。そして何より私に「人生の基本的なこと」を教えてくれた2人の女性の存在が大きい。

母親代わりに私を育ててくれた義姉の文江と、妻アイ子である。

2人とも笑顔の絶えない明るい性格で、人柄も共通点が多い。自分のことは後回しで周囲を気遣い、ボランティア精神旺盛で、子どもや若者に「他人の心を傷つけないように」と教え、人としての道理に反する行いには「愛情をもって厳しく」注意する。私にも「常に相手の立場に立って考え、人に感謝し、人を大切にする心を持つ」よう諭してくれた。面倒見のよい文江は請われて地域の民生委員を長く務め、アイ子は学生の頃から目の見えない人に付き添って映画館に行くなど、自発的な社会貢献行動ができる女性だった。幼い娘たちを抱えて途方に暮れた私がアイ子にプロポーズしたのも、文江に似た資質を彼女に感じたからだと思う。

アイ子は岩手県北上市の出身。私は北上市や岩手県で地方創生や起業家育成に関わり、同じ岩手県出身の宮沢賢治の自然との向き合い方に深く共感するようになった。そして賢治の「雨ニモマケズ」の人物像がアイ子の人となりに重なるようになった。

欲がなく、怒らず、いつも自分を勘定に入れず、周囲の人を助け、常に謙虚で自己犠牲の精神を発揮する。そんな文江とアイ子がいなかったら今の私はなく、アルプス技研もそのグループ会社も存在していなかっただろうと思う。

起業家としての私はチャレンジ精神が旺盛で、決して諦めない粘り強さ、気付き、ひらめき、経営的感性の鋭さなどを強みとしてきた。常に未来を考え、プラス志向でもある。それが遺伝的な資質なのか、登山を通じて備わったものかは分からないが、それらと２人

の女性の影響との相乗効果が「私」という人間をつくり上げたのだ。

２０２３（令和５）年に創業55周年を迎えたアルプス技研は、農業関連と介護の分野での事業拡大、そして地方創生事業に取り組んでいる。

私は経営でも登山でも、越え難いと思える壁にぶつかるたびに、できない理由は探さず『ウエルカム・トラブル』の心構えで進んできた。経営においても、人生においても、不可能と思わず可能性を信じ、諦めず、頭と勘（感性）を働かせることが大事だ。

〝できない〟と〝やらない〟とは全く違う。できない理由ではなく、できる方法を探すことが大切なのである。

これからも地方創生と起業家育成をライフワークとし、２人の女性に恥じないよう、愛情と厳しさを基本とした生き方を貫きたい。

地方創生と起業家育成に人生をかけて取り組む。

アルプス技研第１ビルには自然を身近に感じられる豊かな植栽がある

２０２４年　春

松井利夫

著者略歴

松井　利夫（まつい・としお）㈱アルプス技研 創業者 最高顧問

1943年新潟県南魚沼市生まれ。68年松井設計事務所開業、71年アルプス技研設立、81年株式会社に改組し代表取締役就任、97年同会長就任、2019年より創業者 最高顧問。90年代から起業家育成・企業再生事業を手がけ、起業を通じた地方創生に取り組む。21年より相模原市参与

わが人生25　**克己と感謝と創造**　―起業家人生を貫く信念

2024年３月25日　初版発行

著　　者　松井利夫
発　　行　神奈川新聞社
〒231-8445 横浜市中区太田町2-23
電話 045(227)0850（出版メディア部）

ISBN978-4-87645-679-6　C0095

神奈川新聞社「わが人生」シリーズ

9 横浜中華街 街づくりは たたかいだ
萬珍樓社長 林 兼正

10 ヨコハマ邂逅《かいこう》 ものづくり企業の挑戦
神谷コーポレーション会長 神谷 光信

11 生かされて生きる 「捨ててこそ」の実践
時宗法主、遊行74代 他阿 真円

12 「未知」という選択 世界のレオ 創造の軌跡
物理学者・横浜薬科大学学長 江崎玲於奈

13 郷土を愛する心 社会奉仕に生涯を
神奈川県観光協会会長・川崎港振興協会会長 斎藤 文夫

14 学ぶ力 働く力 生き抜く力
学校法人柏木学園学園長 柏木 照明

15 凛《りん》として 協働の記録 平塚から
前平塚市長 大藏 律子

16 宝積《ほうしゃく》 人に尽くして見返りを求めず
株式会社「つま正」社長 小山 正武

神奈川新聞社「わが人生」シリーズ

17 ぬくもり伝えて 「脱・進学校」山手の丘の実践
聖光学院中学校高等学校校長 工藤 誠一

18 きもののちから 髙島屋の呉服と歩んだ50年
染織五芸池田企画代表 池田 喜政

19 婆娑羅《ばさら》な人生に破顔一笑《はがんいっしょう》する
神奈川歯科大学理事長 鹿島 勇

20 町工場からグローバル企業へ —苦難を乗り越えて—
株式会社ヨロズ（CEO） 志藤 昭彦

21 山ちゃまのわが人生上々なり
日蓮宗妙蓮寺住職 山本 玄征

22 公に尽くす
元衆院議員（大蔵大臣・財務大臣） 藤井 裕久

23 わが駅伝人生にゴールなし
東京国際大学特命教授 駅伝部総監督 横溝 三郎

24 貝と漆 —横浜芝山漆器と七十年
芝山漆器職人 宮﨑 輝生

※肩書は出版当時のもの